U0100556

大展好書　好書大展
品嘗好書　冠群可期

大展好書　好書大展
品嘗好書　冠群可期

易學智慧16

易學與生態環境

朱伯崑／主編
楊文衡／著

大展出版社有限公司

總序一

任繼愈

《易經》這部書幽微而昭著，繁富而簡明。五千年間，易學思想有形無形地影響著中華民族的社會生活、政治生活以及人生哲學。

《周易》經傳符號單純（只有陰陽兩個符號），文字簡約（約二萬四千餘字），給後代詮釋者留出馳騁才學的廣闊天地。迄今解易之書逾數千家。近年已有光電傳播媒體，今後闡釋易學的各種著作勢將更為豐富。

歷代有真知灼見的易學研究者，從各個方面反映各時代、各階層的重大問題。前人研究易學的成果豐富了中華民族的文化寶庫。研究易學，古人有古人的重點，今人有今人的重點。今天中國人的使命是加速現代化的步伐，迎接二十一世紀。

易學，作為中華民族文化遺產，也要為文化現代化而做貢獻。當代新易學的任務之一是擺脱神學迷信。易學雖起源於神學迷信，其出路卻在於擺脱神學迷信。凡是有生命的文化，都植根於現實生活之中，不能游離於社會之外。大到社會治亂，小到個人吉凶，都想探尋個究竟。人在世上，是聽命於神，還是求助於人，爭論了幾千年，這兩條道路都有支持者。

哲學家見到《易經》，從中悟出彌綸天地的大道理；德國萊布尼茲見到《易經》，從中啓悟出數學二進制的前景；嚴君平學《易經》，構建玄學易學的體系；江湖術士不乏「張鐵口」、「王半仙」之流，假易學之名，蠱惑愚眾，欺世騙財。易學研究走什麼道路，是易學研究者普遍關心的大事，每一位嚴肅的易學研究者負有學術導向的責任。

本叢書的撰著者多是我國近二十年來湧現的中青年易學專家，他們有系統的現代科學訓練的基礎，有較深厚的傳統文化素養，有嚴肅認真的學風，易學造詣各有專攻。這部叢書集結問世，必將有益於世道人心，有助於易學健康發展，為初學者提供入門津梁，為高深造詣者中一得之見以供參考。

這套叢書的主旨，借用王充《論衡》的話——「疾虛妄」。《論衡》作於二千年前，舊迷霧被清除，新迷霧又彌漫。「疾虛妄」的任務遠未完成。如果多數群眾尚在愚昧迷信中不能擺脫，我們建設現代化中國的精神文明就無從談起。我們的任務艱巨而光榮。

本叢書的不足之處，希望與讀者同切磋，共同提高。

（任繼愈先生現任國家圖書館館長、教授，中國哲學史學會會長，東方國際易學研究院首席顧問。）

總序二

朱伯崑

《周易》系統典籍，是中華傳統文化的重要組成部分，繼承和發揚這份珍貴的遺產，是學術界的一項艱巨任務。近年來，海內外出版了多種易學著作，形成了一股周易熱。關於周易文化的論述，提出許多問題，發表許多見解，眾說紛紜，莫衷一是，又為易學愛好者和關心傳統文化的讀者帶來許多困擾。有鑑於此，東方國際易學研究院的同仁，在自己研究的基礎上，編寫了這套叢書，參加爭鳴，希望能為讀者澄清一些問題，將弘揚傳統文化引向較為健康的軌道。我們編寫這套叢書，依據以下幾條原則：

(1)倡導以科學態度和科學方法，研究和評介周易文化，區別精華和糟粕，突出易學文化中的智慧和哲理。《周易》系統典籍，所以長期流傳不息，關鍵在於其中蘊涵的智慧或思維方式，吸引歷代學人不斷追求和闡發。這套叢書的重點在於闡述其智慧，使讀者從中受到教益，故定名為《易學智慧叢書》。

(2)《周易》系統典籍或歷代易學，對中國傳統文化的發展影響深遠，涉及到自然和人文各個領域，如古人所說「易道廣大，旁及天文、地理……」等，在人類文明史上獨樹一幟。弘揚易學智慧，不能局限於《周易》經傳本身，如歷代經學家所從事的注釋工作；還要看到其在實際生活中所起的作用和影響。編這套叢書，著眼於從傳統文化發展的角度，闡述易學智慧的特色及其價值。

(3)任何傳統文化的研究，都應同當代的文明建設聯繫起來考量，走現代化的道路，即古為今用的道路，傳統文化方能重新煥發出其生命力。編寫這套叢書，亦力求體現這一精神。總之，弘揚傳統應根植於現實生活之中。

(4)《周易》系統的典籍，文字古奧，義理艱深，一般讀者難於領會。編寫這套叢書，一方面立足於較為踏實的學術研究的基礎上，對原典不能妄加解釋和附會，一方面又要以較為通俗易懂，用當代學人所能接受的語言，敘述易學智慧的特徵，易學文化流傳的歷史及其對中華文化所起的影響，行文力求深入淺出，為易學愛好者提供一入門途徑。

以上四條，是我們編寫此套叢書的指導方針和要求，參加撰寫的同仁，大都按這些要求努力工作。有的稿本改寫多次，付出了艱巨的勞力，至於是否達到上述目的，要待廣大讀者的批評指正了。總之，編寫這套叢書是一種嘗試，旨在倡導一種學風，拋磚引玉，以便同學術界、文化界的同行，共同實現弘揚優秀傳統文化的任務。

（朱伯崑先生現任東方國際易學研究院院長兼學術委員會主任，北京大學哲學系教授，中國易學與科學研究會理事長。）

自序

學術需要交流，特別需要朋友。我寫這本《易學與生態環境》，完全是朋友促成的。因爲我研究地學史，對《周易》中的地學思想有所接觸。在寫《中國的風水》過程中，也促使我多次去翻閱《周易》或讀其他易學著作，並關心國內外學者研究《周易》的動態。

一九九七年我的同事和朋友董光璧先生在看了《中國的風水》之後，即約我寫《易學與生態環境》。我口頭應允，但因忙於別的寫作，沒有動筆。

到一九九八年四月中旬，董光璧先生邀請我參加中國自然辯證法研究會科學與易學專業委員會一屆二次理事擴大會，認識了東方國際易學研究院院長朱伯崑等一批研究《周易》的知名學者，透過學術交流，使我對《周易》的認識更加開闊，深感中國易學與科學研究會邀請我撰寫《易學與生態環境》一書是一種榮幸，是一次難得的機會。

而易學中蘊藏的十分有價值的生態環境思想與觀點，需要發掘出來爲現實服務。面對當今中國嚴峻的環境形勢，再回顧易學的生態環境思想，就會覺得我們對古代優秀文化傳統沒有繼承好，丟失得太多了。

易學中的「節制」觀、「天人合一」觀和「太和」觀，儒家的「禁發有時」論，都是金科玉律，違反不得的。時下環境變壞的原因，大多是由於只追求經濟效益而不顧環境的結果，違反了易學的生態環境觀點。

《易學與生態環境》主要講三個內容：

一是易學中的生態環境觀念，發掘易學中的生態環境思想。

二是在易學影響下，中國古代生態環境思想的發展歷史。

三是面對當今中國嚴峻的環境形勢，如何借鑒歷史經驗治理環境。

這樣的內容安排是想讓讀者既了解古代人的優秀生態環境思想及其發展歷史，又了解當今面臨的環境形勢與對策，從而啓發讀者重視環境保護問題，提高人人保護環境的自覺性。人類只有一個地球，保護地球環境就是保護我們自己。人類發展到今天，誰也不想自己毀滅自己，那麼，就請你從一點一滴做起，保護家園，保護環境，保護地球吧！這就是作者的心願。

楊文衡

目錄

第二章　易學中的生態環境內容

第三章　易學影響下的風水

第一章　易學中的生態環境觀念

《易學與生態環境》是東方國際易學研究院組織的《易學智慧叢書》中的一種。《易學智慧叢書》，顧名思義，強調闡述易學中的相關智慧。具體到《易學與生態環境》來說，則要闡述易學中有關生態環境方面的智慧，看看《周易》或《易經》那個時代的人是如何看待生態環境問題的，他們的觀點對後世有什麼影響，對今天的人是否還有意義，是否還有學術思想價值。如果有價值，那麼，價值在哪些方面。這就是本書所要闡述的主旨。

在討論上述問題之前，首先要明確生態環境的含義。書名中的「生態環境」是一個學術詞匯。

生態指「生物的生理特性和生活習性」。環境，泛泛地講，指生物周圍的地方或指生物周圍的情況和條件。

在環境科學中，環境是指圍繞著人群的空間及其中可以直接、間接影響人類生活和發展的各種自然因素和社會因素的總體❶。在環境分類上，有生存環境、宇宙環境、地質環境、地理環境、自然環境、社會環境、全球環境、區域環境、生態環境等。我們的書名包含三個方面的內容，即生態、環境和生態環境。

易學中有時討論生態環境，這個詞是在生態學中採用的環境分類，它是以生物體（界）作為環境的主體，不把人以外的生物看成環境要素。易學中有時討論的是生存環境，這是環境科學中採用的環境分類，是以人或人類作為主體，其他的生命物體和非生命物質都被視為環境要素，即人類的生存環境。

一、易學的生態觀

易學的生態觀主要體現在五個方面：

㈠化生說

即萬物是天地互相感應發生變化生成的。

《周易．咸卦．彖傳》曰：「天地感而萬物化生。」天地互相感應發生變化則產生了萬物。萬物不是神創，而是天地感應自然生成的。天地就是自然界，就是乾坤。《周易．乾卦．彖傳》講：「大哉！乾元，萬物資始。」《周易．坤卦．彖傳》講：「至哉，坤元，萬物資生。」

在《周易．繫辭傳上》中進一步指出：「乾道成男，坤道成女。乾知大始，坤作成物。」乾象天，天最明顯的代表是太陽。坤象地，在太陽的照射下，萬物生於大地。《周易・益卦・彖傳》曰：「天施地生。」唐孔穎達《周易正義》曰：「天施氣於地，地受氣而化生。」具體講了天地感而萬物生的過程。乾主萬物之始，坤主萬物之成。用男、女表示陽和陰。在《周易・序卦傳》中，又兩次指出：「有天地然後萬物生焉。盈天地之間者惟萬物。」「有天地然後有萬物，有萬物然後有男女」。這是一種樸素的唯物論生成觀。

㈡物質運動說

即萬物是在物質運動變化中生成的。

《周易・說卦傳》云：

神也者，妙萬物而為言者也。動萬物者莫疾乎雷，橈萬物者莫疾乎風，燥萬物者莫熯乎火，說萬物者莫說乎澤，潤萬物者莫潤乎水，終萬物始萬物者莫盛乎艮。故水火相逮，雷風不相悖，山澤通氣，然後能變化既成萬物也。

這段話的意思是說，所謂大自然的神奇造化，是說它能夠奇妙地化育萬物。鼓動萬物者沒有比雷更迅猛的，吹拂萬物者沒有比風更疾速的，乾燥萬物者沒有比火更炎熱的，欣悅萬物者沒有比澤更和悅的，滋潤萬物者沒有比水更濕潤的，最終成就萬物又重新萌生萬物者沒有比艮更美盛的。所以，水火異性而相互濟及，雷風異動而不相違逆，山澤異處而流通氣息，然後自然界才能變動運化而形成萬物。❷《周易．說卦傳．韓康伯注》曰：「於此言神者，明八卦運動、變化、推移莫有使之然者。神，則無物，妙萬物既成也。」《漢上易傳》引鄭玄注，謂「神」指「乾坤」，認為兩者「共成萬物，物不可得而分，故合謂之神」。❸所以這個「神」不是指神靈，而是指乾坤，即天地、自然界，是自然界物質的運動變化產生萬物。

㈢周期說

即生態有一個過程，有生—旺—衰—死的周期規律。

《周易．說卦傳》曰：

帝出乎震，齊乎巽，相見乎離，致役乎坤，說言乎兌，戰乎乾，勞乎坎，成言乎艮。萬物出乎震，震東方也。齊乎巽，巽東南也；齊也者，言萬物之挈齊也。離也者，明也，萬物皆相見，南方之卦也；聖人南面而聽天下，向明而治，蓋取諸此也。坤也者，地也，萬物皆致養焉，故曰致役乎坤。兌，正秋也，萬物之所說也，故曰說言乎兌。戰乎乾，乾西北之卦也，言陰陽相薄也。坎者，水也，正北方之卦也，勞卦也，萬物之所歸也，故曰勞乎坎。艮，東北之卦也，萬物之所成終而所成始也，故曰成言乎艮。

黃壽祺對這段話的譯文是：

「主宰大自然生機的元氣使萬物出生於象徵東方和春分的震，生長整齊於象徵東南和立夏的巽，紛相顯現於象徵南方和夏至的離，致力用事於象徵西南和立秋的坤，成熟欣悅於象徵西方和秋分的兌，交配結合於象徵西北和立冬的乾，勤劬勞倦於象徵北方和冬至的坎，最後成功而又重新萌生於象徵東北和立春和艮。萬物出生於震，因為震卦是象徵萬物由以萌生的東方。生長整齊於巽，因為巽卦是象徵萬物和順生長的東南方；生長整齊，是說萬物的生長狀態整潔一致。離卦是光明的象徵，萬物都旺盛而紛相顯現，這是代表南方的卦；聖人坐北朝南而聽政於天下，面向光明而治理事務，大概是吸取了這一卦的象徵吧。坤卦，是地的象徵，萬物都致力養育於大地，所以說致力用事於坤。兌卦，象徵正秋時節，萬物成熟欣悅於此時，所以說成熟欣悅於兌。交配結合於乾，乾卦是象徵西北的卦，說明陰陽於此相潛入應和。坎卦，是水的象徵，是代表正北方的卦，又是代表勤劬勞倦的卦，萬物勞倦必當歸藏休息，所以說勤劬勞倦於坎。艮卦是象徵東北的卦，萬物於此成就其終而更發其始，所以說最後成功而又重新萌生於艮。」[4]

這段話用圖一—一來表示更加明晰。圖中一共八個方位，每個方位含有四項內容，即八卦、方位、季節、生物生長狀態。

這個圖是後來風水羅盤的主要內容，以後再講。

從圖中可以看出生物生長狀態有八個階段：出生—長大—壯大—始熟—成熟—交

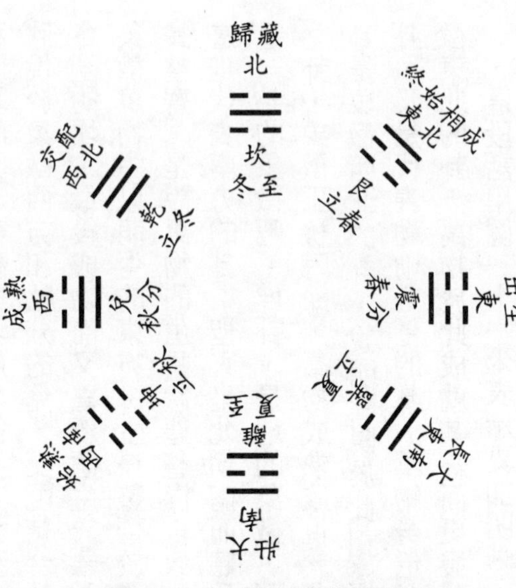

圖 1-1　八卦與生態周期圖

配—歸藏—終始相成（或成終成始）。把這八個階段簡化，則可以得到生物生長狀態的四個明顯階段：出生（生）—壯大（旺）—成熟（衰）—歸藏（死）。

這是生物在一年中的生態周期，這個周期充分體現了古代人對生態的認識，體現了他們有規律性的生態觀。這種生態周期在《周易・序卦傳》中也有明確的表露。其中曰：「屯者物之始生也。物生必蒙，故受之以《蒙》；蒙者蒙也，物之稚也。物稚不可不養也，故受之以《需》，需者飲食之道也……泰者通也。物不可以終通，故受之以《否》。」最後，「物不可窮也，故受之以《未濟》終焉。」

如果說《說卦傳》那一段是講植物的話，那麼，這一段可能主要講人類，擴大到所有事物。

人的一生是一個周期，各種事物也有各自的周期，而且也是分階段的。《屯》卦象徵初生，又指事物的開始萌生。事物初生必然蒙昧無知，所以，接著是象徵蒙稚的《蒙卦》，蒙表示蒙昧，就是事物幼稚的意思。事物幼稚不可不加以養育，所以，接著是象徵「需待」的《需卦》；「需」含有需待飲食的道理……《泰》卦是安泰亨通的意思。事物不可能終久通泰，所以，接著是象徵「否閉」的《否》卦。最後，事物的發展不可能窮盡，所以，以象徵事未成的《未濟》卦作為《周易》六十四卦的終了。

整個《序卦傳》反映了事物從產生、發展到終結的過程，反映了人的一生從始生—稚—養—終的周期。

四 生生不息說

即生命形成以後，就一代一代地繁衍、發展。在繁衍過程中，一些種類滅絕了，但新的種類又會產生。一種生態平衡被打破後，又會出現新的生態平衡。

《周易・繫辭上傳》曰：「生生之謂易」。孔穎達《周易正義》解釋說：「生生，不絕之辭，陰陽變轉，後生次於前生，是萬物恆生謂之易也。前後之生，變化改易，生必有死。」

生態是生物由同化和異化與環境之間不斷進行物質交換和能量轉化，從而不斷進行新陳代謝，交替更新的作用。由於生物的生存、活動依賴於非生物客觀條件，所以，生物系統與環境系統在一定條件的空間共同組成了生態系統，也叫自然生態。生態系統永遠處於運動之中，這就是《周易・繫辭上傳》所講的「生生之謂易」，《周易・乾鑿度》講的「易者，易也，變易也」。

生態系統隨時隨地都在不停地運動變化，故《周易・繫辭下傳》曰：「易窮則變，變則通，通則久。」這裡講的正是生態系統協調運動的過程。

在生態系統中，每一部分都互相聯繫與制約，從而取得生態平衡，一旦生態平衡被打破，就變成「窮」。生態系統其他部分，可起協調補償作用，就是「窮則變」，生態的自我協調或人為協調，可達到「窮則通」，即物質的循環與能量轉化再次達到恰當的平衡狀態。生態平衡恰當，可以有一段時間的相對穩定，這就是「通則久。」❺

㈤「方以類聚，物以群分」的生物分類說

《周易・繫辭上傳》曰：「方以類聚，物以群分。」方，指世界上的萬事萬物；物，指世界上的各種生物。這句話的意思是天下萬事萬物以門類相聚合，世界上各種生物以群體相區分。

關於分類的依據，《周易・乾卦・文言傳》引用孔子的話講得比較詳細，子曰：

同聲相應，同氣相求；水流濕，火就燥；雲從龍，風從虎；聖人作而萬物睹，本乎天者親上，本乎地者親下，則各從其類也。

孔子這是譬喻同類的聲音互相感應，同樣的氣息互相求合；水向濕處流，火向乾處燒；景雲隨著龍吟而出，谷風隨著虎嘯而生；聖人奮起治世而萬物顯明可見，依存於天的親近於上，依存於地的親近於下，各以類相從而活動。

孔穎達在《周易正義》中引莊氏曰：

> 天地絪縕，和合二氣，共生萬物。然萬物之體，有感於天氣偏多者，有感於地氣偏多者，故《周禮・大宗伯》有天產、地產，《大司徒》云動物、植物。本受氣於天者，是動物含靈之屬；天體運動，含靈之物亦運動，是親附於上也。本受氣於地者，是植物無識之屬；地體凝滯，植物亦不移動，是親附於下也。則各從其類者，言天地之間，共相感應，各從其氣類。

朱熹在《周易本義・文言傳》中作了進一步的解釋：「本乎天者，謂動物；本乎地者，謂植物，物各從其類。」

可見，易學中講的類就是種類，如草木以「叢」的形式生長，禽獸以「群」的方式存活，這是一種普遍的現象。故荀況在《荀子・勸學》中說：「物類之起，必有所始，草木疇（類）生，禽獸群也，物各從其類也。」這裡的「群」指的是同類相聚居的情況，如梁啟雄所說，雁與雁聚居，羊與羊聚居，這就是群居。❻

在生物系統中，植物（草木）和動物（禽獸）這是第一類劃分。劃分類的根據則是事物所秉受的「氣」和「聲」的不同而造成的。「氣」是事物存在的本原，「聲」是

「氣」的外在體現。只有「同聲」、「同氣」的事物才可能成為同類，反之則是異類。「同聲相應，同氣相求」指的是事物同類相感的情況，這是形成「類」的基礎和劃分類的根據。[7]

二、易學的環境觀

易學的環境觀主要體現在四個方面：

(一)「辨物居方」的生境觀

《周易・未濟卦・象傳》曰：「君子以慎辨物居方。」這句話的意思是說君子審慎分辨諸物，使之各居適當的處所，則萬事可成。王弼《周易注》曰：「辨物居方，令物各當其所。」來知德《來瞿唐先生易注》曰：「慎辨物，使物以群分；慎居方，使方以類聚，則分定不亂。」

這些論述強調的是「居方」，用現代生態學的觀點來看，則是各種生物種群所需求的生態條件是各不相同的，如居川者不能居山，居山者不能居澤，居熱者不能居寒，居寒者不能居熱，居淡水者不能居鹹水，居鹹水者不能居淡水等等。因此，應該讓他們各居其合適的場所（即居方），這樣生物才能繁殖發達。

如果生物離開了它們合適的場所，離開了它們所需要的生態條件，那麼生物就會滅亡。因此，君子要謹慎辨物居方，為不同的生物選擇合適的生態環境，令物各當其所，才能萬事可成。不然，則萬事不成。

㈡重視土地的環境觀

易學重視土地的環境觀，首先從坤卦開始。《周易・說卦傳》曰：「坤也者，地也，萬物皆致養焉。」「坤，地也，故稱乎母。」「坤為地，為母。」把大地稱作母親，就是從這裡開始。

孔穎達《周易正義》曰：

以坤是象地之卦，地能生養萬物，是有其勞役，故云「致役乎坤」。

《周易・彖傳》用贊美之詞稱頌大地曰：

至哉坤元，萬物資生，乃順承天。坤厚載物，德合無疆；含弘光大，品物咸亨。

美德至極的大地啊，配合天開創萬物，萬物依靠它成長，它順從稟承天的志向。地體深厚而能普載萬物，德性廣合而能久遠無疆；它含育一切使之發揚光大，萬物亨通暢達遍受滋養。這就是說，地球上的一切生物靠大地產生，又靠大地滋養，是宇宙中的「特異」天體，因此，把大地比做母親是再恰當不過了。

金景芳在《周易講座》中說：「坤彖傳說『萬物資生』，萬物取之以生。『乃順承天』與統天不同，坤與乾必須合起來乃能生萬物，『有天地然後萬物生焉』，就是指此。」「地能產生萬物，光有天不行，天氣暖了，萬物還要土地來生它。土地能夠含容弘大，使一切品物咸亨。」

人類從地球上產生、發展，至今仍不能離開地球。然而宇宙中目前只發現一個地球，人類只有一個地球，人類應該像愛護母親一樣去愛護地球，我們的生活才會安寧。不然，一旦母親受傷害病，人類也就會面臨大災大難，大禍來臨。易學很早就提出地球是人類的母親，這是卓越的智慧，是照亮人類思想的明燈。這個智慧現在越來越受到人們的重視，越來越顯示出它的燦爛光芒！

《周易・離卦・彖傳》曰：「日月麗乎天，百穀草木麗乎土。」就是說，太陽、月亮附麗在天上，百穀草木附麗在地上。這就進一步說明，人類賴以生存的百穀草木都是從大地而來，從土地而來。

(三)「養而不窮」的水環境觀

《周易・井卦・彖傳》曰：「巽乎水而上水，井；井養而不窮也。」這是說，順沿水的滲性而往地下開孔引水使上，便是水井；水井養護生命的功德無窮無盡。水井養護生命，不是指井，井無水養不了生命，而是指井中的水，是井中的水養護生命，功德無窮無盡。

這就是易學的智慧，在兩千多年前就明確指出水養生命，功德無窮無盡。也就是說，一切生命物體都離不開水，沒有水，特別是沒有乾淨的水，就沒有生物界，故《周易・井卦》又提出：「井泥不食，舊井無禽」，井底污泥沉滯則不可食用，這種年久失修的井連禽鳥也不屑一顧。兩千多年前的人就認識到水污染了不能喝，連禽鳥也本能地感到，水不乾淨不喝，遠離開它。王弼《周易注》也說：

> 最在井底，上又無應，沉滯滓穢，故曰「井泥不食」也，井泥而不可食，則是久井不見渫治者也；久井不見渫治，禽所不嚮，而況人乎？一時所共棄捨也。

(四)環境整治觀

污染了的環境可以透過整治變成好環境。《周易・井卦》曰：「井甃，無咎。井冽，寒泉食。」就是說，被污染的泥井，不能消極地捨棄不用，而應該透過修理整治，使之變為井冽，久井經過整治，去掉污泥，變成了「井冽，寒泉」，則可「食」。水井經過整治，水變清了，如寒泉般清澈，這樣的井水是乾淨的水，當然可食。

兩千多年前，易學就提出了治理環境的思想，這又一次顯示了易學的智慧。人類不應該消極地、輕易地捨棄暫時受污染的環境和自然資源，而應該積極努力去整治那些暫時受污染的環境和自然資源，使之變乾淨，重新為人類利用。受污染的井，經過整修後，水變乾淨了必無咎害，可以再造福生命界。這個思想很偉大，是積極進取，積極改善環境的思想，在當今社會有巨大的現實意義。

人們不能光抱怨自然環境受到了嚴重的污染，而是應該全社會積極行動起來，從本身做起，去制止污染，想辦法治理污染，把被污染的環境整治好，重新獲得美好的環境。逃避不行，消極捨棄不行，惟一的辦法就是易學早就提出的整治。

當今社會，科學技術發達，經濟也高度發達，環境也容易污染，但只要全社會努力，暫時被污染了的環境一定能治好。就怕人們的心不齊，你治我不治，甚至你治我排污。這樣，即使科學技術再發達，經濟再強，也治不好受污染的環境。當今社會的人們，要自覺地學習易學的智慧，自覺地在思想上樹立起環境保護觀念，不能光想自己，要替子孫後代著想，要給子孫後代留下生存發展的環境和自然資源。

㈤易學的環境因素觀

《周易》中的八卦各有象徵物，即乾為天，坤為地，震為雷，巽為風，坎為水，離為火，艮為山，兌為澤。這八種象徵物都是環境因素。

當然，八卦的象徵物是不固定的，它可以是天、地、雷、風、水、火、山、澤八種，也可以是另外八種。比如乾為天，也可以為父、為君、為玉、為金等等。所以，八卦代表什麼東西，是不能固定的。只有八卦的性質是固定的，在任何情況下它都代表這種性質，這就是《說卦》講的：「乾，健也；坤，順也；震，動也；巽，入也；坎，陷也；離，麗也；艮，止也；兌，說也。」八卦的八種性質是抽象的，具有普遍意義。萬事萬物的性質可以抽象為八種，而具體事物則是無窮無盡的，不可能只有八種。❽

從象徵物的角度看，八卦可視為易學的幾種基本的環境因素，張雲飛把乾（天）、震（雷）、巽（風）、離（火）歸為一類，大體上就是天文和氣象因素；坤（地）、坎（水）、艮（山）、兌（澤）為另一類，大體上就是自然地理因素❾。

這些環境因素與生物之間有極為密切的關係，它們是生物賴以生存和生命流傳的必要條件，也就是今天的生態環境，有了生態環境系統，才有生命現象。❿

三、易學的自然觀

易學的自然觀體現在兩個方面：

㈠天人合一自然觀

易學中天人合一自然觀，主要體現是「三才論」。所謂「三才論」，其來源有兩個方面：

一是把六爻位序兩兩並列，則體現出三級層次，故前人認為初、二象徵「地」位，

三、四象徵「人」位，五、上象徵「天」位。合天、地、人而言，謂之「三才」。《繫辭下傳》講，「《易》之為書也，廣大悉備：有天道焉，有地道焉，有人道焉。兼三才而兩之，故六；六者非它也，三才之道也。」《說卦傳》講，「兼三才而兩之，故《易》六畫而成卦」。講的就是以上六爻位序體現的內容。

二是從筮法來，《繫辭傳上》曰：「大衍之數五十有五，其用四十有九。分而為二以象兩，掛一以象三。」「象兩」即是象天、地。掛一，是從分為兩部分後的一部分蓍草中抽出一根，放到另一處，成為第三部分。這第三部分雖然只有一根蓍草，意義卻極大，它與前面說的二合起來成為三。「象三」是「象三才」的省語，三才即天、地、人。人在天地之間，人能參天地，把人看得很重要，與天地一樣重要。天地指自然界，人指人類社會。

在《周易》的作者看來，自然界與人類自身都是人類要認識的對象。人類既是認識的客體，也是認識的主體。把人類社會自身作為研究對象，把人類社會同自然界聯繫起來考察它們的運動規律，把人類社會同自然界融為一個整體，人類社會也是自然界的一部分，不是自然界的對立面，這就是天人合一的自然觀。⑪

這裡，人不僅僅指人類社會，而是指天地以外的萬物，把宇宙間的事物簡化為天、地、人三才，共同組成一個完整的宇宙。

㈡「太和」觀

在《易經・乾卦・彖傳》中指出：「乾道變化，各正性命，保合太和，乃利貞。」黃壽祺、張善文認為，大自然的運行變化迎來冬天，萬物各自靜定精神，保全太和元氣，以利於守持正固等待來年生長⑫。

金景芳認為，這幾句講的是萬物發生、發展，由春到夏再到秋，就成熟了。每個物有每個物的性，因而每個物也有每個物的命。命是自然賦予的，賦予以後形成什麼樣子，就是性。萬物都成熟了，都結籽了，太和之氣都保合於其中了。太和之氣實際就是沖和之氣⑬。

這裡講的「太和」，就是大和，和諧。「沖和」是矛盾得到緩解，達到和諧。所以易學的「太和」觀，就是主張自然界和諧統一，持續發展。

《周易・睽卦・彖傳》充分體現了易學的「太和」觀，曰：

> 天地睽而其事同也，男女睽而其志通也，萬物睽而其事類也；睽之時用大矣哉！

睽的意思是違背，不合。這就是說，天地上下乖睽（相反、相對），但化育萬物的事理卻相同，男女陰陽乖睽，但交感求合的心志卻相通，天下萬物儘管乖背睽異，但稟受天地陰陽氣質的情狀卻相類似；「乖睽」之時有待施用的範圍是多麼廣大啊！《睽卦・象傳》又說：「上火下澤，睽。君子以同而異。」金景芳認為，同而異的說法與和而不同是一個意思，是講和的，不是講同的，和與同不是相同的。和同問題，《國語》上講過，《左傳》上也講過。晏子講和同問題，從音樂上講，從飲食上講，證明同是不行的。從音樂上講，五音和才好聽。同則一個聲音，單一的聲音，沒有音樂，沒有旋律。同中要有異，都一樣不行。睽卦主要講同異問題，而且提出來「以同而異」，和而不同⓫。對自然界來講，是和而不同，是和諧統一，是太和。《睽卦・象傳》講的表面上好像是相對，天地之間相對，男女之間相對，但卻可以找到其間的共通點——相反相成，相互化育。對萬類眾生來說，看似紛雜甚至對立，其實深具有機的統一，在「一」與「多」之間和諧並進。

這種對立中的和諧統一自然觀，肯定了宇宙眾生應有的多樣性與多元性，是環境倫理學的重要原理。⓯

【註釋】：

❶ 曲格平等：《環境科學基礎知識》第一頁，中國環境科學出版社，一九八四年。

❷ 黃壽祺、張善文：《周易譯注》第六百二十五頁，上海古籍出版社，一九八九年。

❸《周易譯注》第六百二十五頁。

❹《周易譯注》第六百二十～六百二十一頁。

❺郭俊義、劉英：《易經應用大觀》第二百一十三～二百一十四頁，江西高校出版社，一九九七年。

❻張雲飛：《天人合一——儒學與生態環境》第二十六頁引梁啟雄《荀子簡釋》，四川人民出版社，一九九五年。

❼張雲飛：《天人合一——儒學與生態環境》第二十六頁引梁啟雄《荀子簡釋》，四川人民出版社，一九九五年。

❽金景芳：《周易講座》第二十頁，吉林大學出版社，一九八七年。

❾張雲飛：《天人合一——儒學與生態環境》第四十三頁，四川人民出版社，一九九五年。

❿郭俊義、劉英：《易經應用大觀》第二百一十三頁，江西高校出版社，一九九七年。

⓫金景芳：《周易講座》第十五、五十二頁，吉林大學出版社，一九八七年。

⓬《周易譯注》第六頁，上海古籍出版社，一九八九年。

⓭《周易講座》第一百零六頁，吉林大學出版社，一九八七年。

⓮《周易講座》第二百七十六頁，吉林大學出版社，一九八七年。

⓯馮滬祥：《人、自然與文化》第一百五十五頁，人民文學出版社，一九九六年。

第二章　易學中的生態環境內容

第一章是講易學中基本的生態與環境觀念，第二章則是專門討論易學的生態環境內容，涉及的範圍比第一章廣泛得多。

一、易學中的生態與空間環境

易學中有先天八卦和後天八卦之分。先天八卦傳說是伏羲創立的。其位置安排如圖二—一所示。

南懷瑾認為，先天八卦是以中國為本位，代表了中國的地形。艮卦在西北，代表山，而我國西北高原是高山。東南兌卦，代表澤，而我國的東南正是海洋。❶高山與海洋的生態環境是完全不一樣

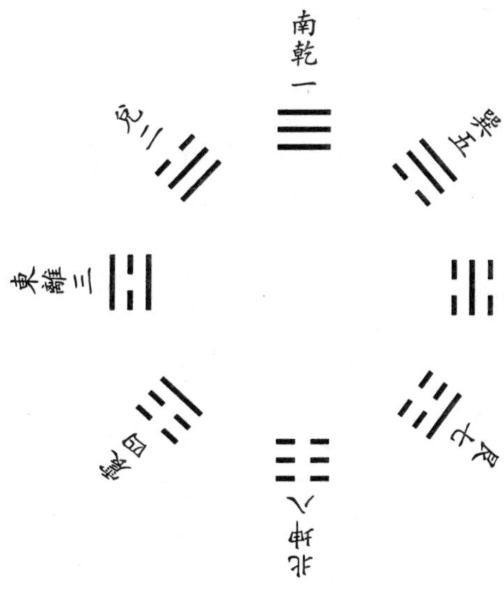

圖 2-1　先天八卦方位圖

的。西南是巽卦，巽代表風，西南多風，雲南下關以多風著名。東北是震卦，震代表雷電，動能。雷電在生態中有很大的作用，一次大的雷電過程，可以產生相當於現在幾噸的化肥。當然，雷電不只是東北方才有，其他方位也有。

相對來說，可能東北方稍多一些。震代表的是一種雷電環境，這種環境對生物的生態有巨大作用。東方離卦代表火，表示太陽從東方升起，這種環境對生物是有利的，萬物離不開太陽，太陽升起的地方其生態環境是好的。西方坎卦代表水，在中國西部，比較乾旱缺水，需要有水的補給才能使生態環境變好。南方乾卦，代表陽，表示氣溫高。北方坤卦，代表陰，表示氣溫低。南北的氣溫差異，給生物的生存環境帶來了差異，因此，生物的生態也有差異。

朱熹認為，「天」是運轉的。大自然萬物的「方位」總是處在運動、交易的狀態中。尚秉和認為，後天八卦方位是由先天八卦方位變來的，說：

八卦圓布四方，各有其位，而先後不同，蓋《易》之道一動一靜，互為其根。靜而無為，惟陰陽相對必相交。坤南交乾，則南方成離；乾北交坤，則北方成坎；先天方位，遂變為後天，由靜而動矣。《周易》所用者是也。然《周易》雖用後天，後天實由先天禪代而來，不能相離。❷

後天八卦的意義是第一章講的生態周期說，體現了生態的周期規律。它反映的是時間環境而不是空間環境，因此，先天八卦與後天八卦反映的生態環境是不同的。

二、生態與土地，強調「地宜」

《周易・繫辭下傳》曰：「觀鳥獸之文，與地之宜。」這裡的「與地之宜」指適宜存在於地上的種種事物，對生物來說，則是適合於生長的土地。唐朝李鼎祚《周易集解》引《九家易》說：「謂四方四維，八卦之位，山澤高卑，五土之宜也。」說的也是生態與土地的關係。南懷瑾在《易經系傳別講》中說：

「與地之宜」的地，是講土地平面上的各種現象。「宜」包括了很多學問，從地球物理到動物與人乃至地平面上所有的植物、動物，因為生長的地方不同，便有很大的差別。如南方人與北方人絕對不同，長江南跟長江北的人也不同；（在臺灣）過了新竹以南的壁虎會叫，新竹以北的壁虎不會叫；北部長的植物與南部長的植物統統不相同，同一種植物，也以生長地區的不同而有差異。假使對這句話作更寬廣深入的研究，那就包括很多的學問了，如地緣政治、地質的關係、人性與地域的關係等……「與地之宜」就是人性跟土地的關係。❸

南懷瑾強調了人與動物的地區差異。依我看，孔子在這裡講的主要指農業上的「地宜」，講什麼樣的農作物在什麼地方種植最適宜，這就是中國古代農業上的「地宜」論或「土宜」論。

春秋戰國之際的《管子》，多次提到因地制宜的思想。《立政》篇說：「桑麻不殖於野，五穀不宜其地，國之貧也」，「桑麻殖於野，五穀宜其地，國之富也。」《牧民》篇說：「不務地利則倉廩不盈。」《孔子家語・相魯》曰：「乃別五土之性，而物各得其所生之宜，咸得厥所。」從「地宜」、「土宜」到「因地制宜」是一個思想的進步過程，也是農業科學進步的標誌。「因地制宜」不僅包含了「地宜」、「土宜」的內容，而且比「地宜」、「土宜」更符合實際，更具有科學價值。直到今天還有現實價值，受到人們的重視和運用。

「地宜」論含有一定的科學道理，地宜與不宜，是指農作物的品種是否適合某個地方的生態環境，包括此地的氣候、土壤、地質、水、陽光、地形等諸多自然地理因素。當然，「地宜」論也不能絕對化，絕對化就成了環境決定論了。

中國古代的「地宜」論有它具體的內容，是古代農業生產的經驗總結。在《晏子春秋・內篇・雜下》說：「橘生淮南則為橘，生於淮北則為枳，葉徒相似，其實味不同。所以然者何?水土異也。」《周禮・考工記》說：「橘逾淮而北為枳，鸜鵒不逾濟，貉逾汶則死，此地氣然也。」這比《晏子春秋》又進了一步，不僅講植物，也講動物。而「地氣」二字的含義，除了水、土外，自然還有氣候、陽光的因素。

在《管子・立政》中，出現了「地宜」的名稱，其解釋也非常明確，曰：「相高下，視肥墝，觀地宜……使五穀桑麻，皆安其處。」

《周禮・夏官・土方氏》中有「辯土宜之法」，注曰：「土宜，謂九穀植稚所宜也。」疏曰：「言土宜，明是土地所宜。」❹即根據環境條件，因地制宜地種植合適的農作物。

《荀子・王制》講得更明白：「相高下，視肥墝，序五種，省農功，謹蓄藏，以時順修……治田之事也。」

可見，《周易・繫辭下傳》提出的「地宜」觀，是總結古代農業經驗的成果，它強調生態與土地的關係，已經認識到環境條件對生物的生長發育有很大的影響。同時，這個觀點對古代農業科學有很大影響，後來農學上的「因地制宜」、「精耕細作」、「地力常新壯」等理論，都是在「地宜」學說的基礎上提出來的，是「地宜」學說的發展，再次體現了易學智慧的光芒。

三、生態與時間，重視季節與農時

《易傳》對時間有多處論述，如《豫卦・彖傳》曰：「天地以順動，故日月不過，而四時不忒……豫之時義大矣哉。」這是講某個時刻。《隨卦・彖傳》曰：「天下隨時，隨時之義大矣哉。」這是講時機。《遁卦・彖傳》曰：「剛當位而應，與時行也……遁之時義大矣哉。」這是講時勢。《姤卦・彖傳》曰：「姤之時義大矣哉。」這是講某個時刻。《旅卦・彖傳》曰：「旅之時義大矣哉。」這是講行旅之時。《革卦・彖傳》曰：「革之時義大矣哉」。這是講變革之時。

此外，《坎》、《睽》、《蹇》、《頤》、《大過》、《解》等卦也談到「時大矣哉」。這些都是贊美某個時刻或時勢的宏大。可見時的重要，告誡人們要掌握時刻，把握時勢。孔子在《論語》中強調，要「使民以時」。孟子在《孟子・梁惠王上》提出：「不違農時，穀不可勝食也。」在《孟子・公孫丑上》又提出：「雖有鎡基，不如待時。」《管子・權修》也說：「地之生財有時。」《禁藏》篇說：「不失其時，然後富。」《小問》篇說：「力地而動於時。」《牧民》篇說：「不務天時則財不生。」這些重時觀念，與《易學》的重時思想是一脈相承的。

時間既然重要，那麼時間是如何定下來的呢？是從「觀象於天」而來。《繫辭下傳》曰：「日往則月來，月往則日來，日月相推而明生焉，寒往則暑來，暑往則寒來，寒暑相推而歲成焉。」《革卦・象傳》曰：「天地革而四時成」，天地的變化形成了四季，四季又有取代更新的關係。時間是自然現象，人們透過治曆就可以明時。所以《革卦・象傳》曰：「君子以治曆明時。」

時對生物來說十分重要，人要是「生不逢時」則沒出息，一切生物如果生不逢時，則發育不好，甚至有死亡的可能。所以，時是生態的重要因素。

前面我們講了《周易・說卦傳》中用八卦代表生態周期，這實際是生態與時間的關

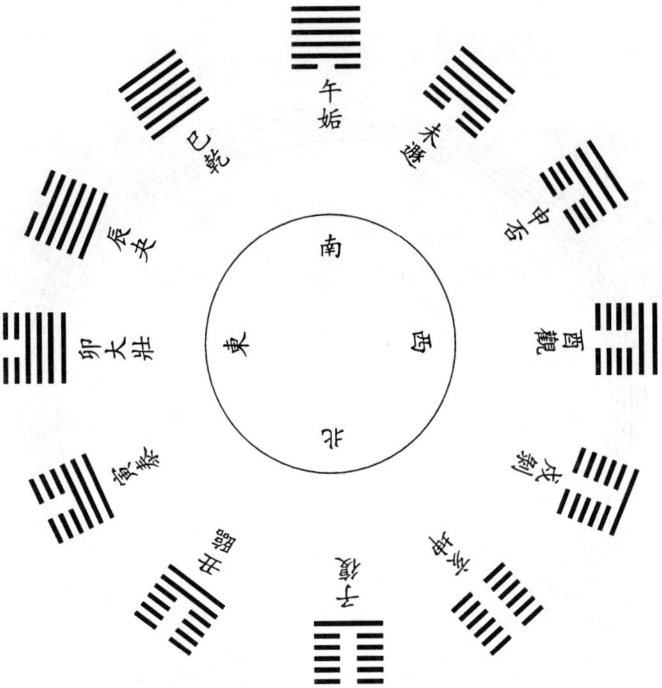

圖 2-2　十二辟卦方位圖

係。此外，十二辟卦方位圖（見圖二—二）和六十四卦圓圖（見圖二—三），都體現了生態與時間的關係，體現了生態的周期。

李洲在《易學綜述》中認為，十二辟卦的陰陽消長體現了生命的成長衰變。坤代表懷孕，復表示嬰兒出生，臨表示進入少年，泰表示進入青年，大壯表示進入青年旺盛時期，夬表示進入青年最旺盛時期，乾表示最盛時期，姤表示開始衰變，遁、否、觀、剝都是逐漸衰老的階段，直到坤為死亡，生命走完了一個周期❺。人的出生既是生命的開始，也

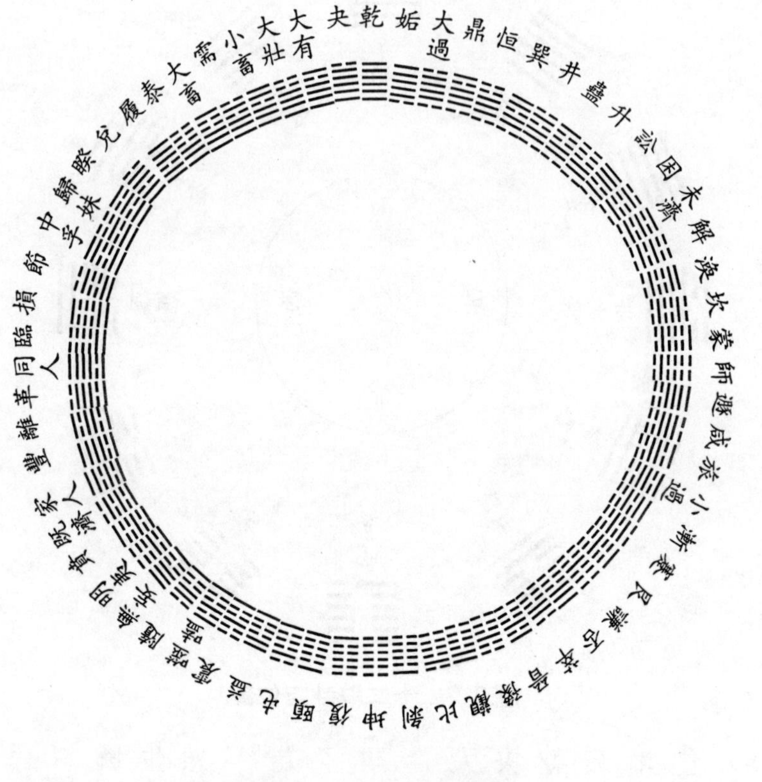

圖 2-3　六十四卦圓圖

是死亡的開始，生死是互根的。只有老細胞的死亡，才有新細胞的產生。

黃壽祺、張善文在《周易譯注》中說：六十四卦圓方圖（見圖二—四）「指示天地陰陽的生成發展規律。《復》至《乾》為陽，三十二卦；《姤》至《坤》為陰，亦三十二卦。六十四卦陰陽爻各一百九十二，雜居兩類而運行。方、圓圖陰陽之行皆始於中，即陽卦始於《復》，極於

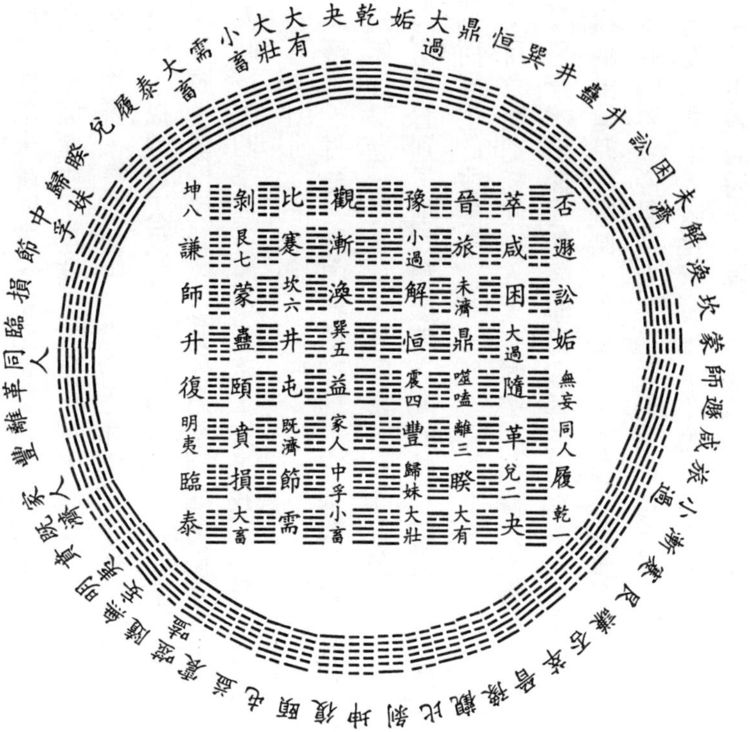

圖2-4　六十四卦圓方圖

《乾》；陰卦始於《姤》，極於《坤》；陰陽循環消長，生息不已。其中陽卦運行可象徵春夏，陰卦運行可象徵秋冬，卦中的陰、陽爻又可象徵夜晝，故《周易折中》引邵雍曰：『陽爻，晝數也；陰爻，夜數也。天地相銜，陰陽相交，故晝夜相離，剛柔相錯。春夏陽也，故晝數多，夜數少；秋冬陰也，故晝數少，夜數多』」。

經過人類「治曆明時」之後，人們對於時

間的重要性越來越明確，特別是對時間與生態、時間與農業生產的緊密關係的認識也越來越高，從而產生了農業天文學、農業氣象學和物候學。

在《尚書·堯典》中，堯命羲和遵循上天的意旨行事，根據日月星辰的運行情況來制定曆法，以教導人民按時令節氣從事生產活動。原文為：「乃命羲和，欽若昊天，曆象日月星辰，敬授民時。」此外還談到如何確定春分、夏至、秋分、冬至，進而確定四季。人們按照四季進行農業生產，這是我國最早的農業天文曆法和農業氣象學，對指導農業生產起了很大的作用。

《禮記·月令》的內容更詳細，它根據天象、氣象和物候等因素的內在聯繫，明確地將一年分為春、夏、秋、冬四季，每季又分孟、仲、季三個月，對時間的劃分更客觀科學。它還看到了生物和環境之間的整體聯繫，描述了草木、昆蟲、禽獸、魚鱉隨季節的變化而發生的生態學演替。

《月令》把物候納入天文曆中，根據天文變化來確定季節更替、氣象變化和物候。《月令》根據生態學季節節律的客觀性、普遍性和有效性，把人事活動作了安排，使人事活動適時和順時，從而把人和自然聯繫起來。這樣一來，《月令》不僅具有普通生態學的內容，而且具有人類生態學的內容❻。

自從《管子·牧民》提出「不務天時則財不生」，孟子提出「不違農時」之後，農業生產上重視農時是中國古代農業科學的一項重要內容。戰國末《呂氏春秋》中有一篇專題論文《審時》，強調人們必須掌握季節與氣候變化的規律，按照作物生長發育的生態要求，正確而及時地運用技術措施，以達到產量多，質量好的目的。它以小麥為例，指出：「得時之麥，稠長而頸黑……稱之重，食之致香以息，使人肌澤且有力。」如果不及時，過早過晚都不好。過早，苗生太早，容易遭受病蟲害的侵襲。過晚，苗生脆弱，結穗不豐滿。

它的結論是：得時的莊稼收成多，重量重，出米率高，吃起來又香又甜，耐饑飽；失時的莊稼則相反。這篇文章第一次把「不違農時」，要及時耕種的科學道理講得相當清楚，是一篇很有價值、具有一定水準的科學論文。這以後，「不違農時」成了中國古代農業科學技術的傳統理論，並隨時代的前進而有所發展。

四、生態與水

生態與水的關係十分密切，地球上如果沒有水，就不會有生命。因此，水是生態的基礎物質，是生命的命根子。在易學中，有生態與水的內容，如《師卦．象傳》曰：「地中有水，師；君子以容民畜眾。」這是說地中藏聚著水源，象徵「兵眾」；君子因此廣容百姓，聚養眾人。

唐李鼎祚《周易集解》引陸績曰：「坎在坤內，故曰『地中有水』；師，眾也，坤中眾者，莫過於水。」《比卦・象傳》曰：「地上有水，比。先王以建萬國，親諸侯。」《周易集解》引何晏曰：「水性潤下，今在地上，更相浸潤，『比』之義也。」程頤《周易程氏傳》曰：「夫物相親比而無間者，莫如水在地上，所以為『比』也。」這裡講的都是人事，是人類的生態問題，只要地中藏聚著水源，就可以聚養眾人。

水是一種寶貴的自然資源，在人少水多時，人類無償地享受水資源。水太多了，又會有水害。可是當人口增多，人口爆炸，環境受污染的當今社會，水資源也受污染。原來以為取之不盡、用之不竭的水資源，現在出現了問題，有的地方水資源不足，有的地方又有水害；或者同一個地方，有時表現為水資源不足，有時表現為水害。

一九九八年，中國長江、嫩江和松花江發生洪澇災害，經濟損失很大。但這並不是說中國水資源太多了，恰恰相反，中國是個缺水國家，人均水量不足二千四百立方米，僅為世界人均水量的四分之一。中國水資源總量中，可用水儲量只有一・一萬億立方米，而用水量一九九八年已達五千六百億立方米。由於水量分布不均，更加重了某些地方的缺水額度，造成旱災。九〇年代平均每年乾旱面積達到三・八億畝。全國六百六十八個城市中有四百多個供水不足，生產、生活受到嚴重影響。

由於缺水，大量耕地草場廢置，土地沙漠化以平均每年二千四百六十平方公里的速度擴展，總面積已達一六〇・七萬平方公里。由於缺水，地下水超量開採，造成一些地區地面沉降，河湖乾涸。一九九七年黃河斷流十三次累計達二百二十六天。缺水已經成為威脅中華民族生存和發展的一個緊迫問題❼。

《井卦・彖傳》曰：「井養而不窮也」。水井養人的功德無窮無盡，唐朝孔穎達《周易正義》曰：「井養而不窮」是「嘆美井德愈汲愈生，給養於人無有窮已也。」「養物不窮，莫過乎井」，即道出水井對人類生活造福至偉。

然而當今社會，由於人口爆炸，地下井水過量開採，導致地下水位連年連片下降。北京由於地下水超量開採，城區已形成一個面積一六七七平方公里，最大降深三一・一公尺的地下降落漏斗，地下水水質也漸趨惡化。水井不堪重負，遠不是孔穎達所講的「愈汲愈生」了。有些地區和城市，由於地下水被污染，人畜飲水受到嚴重影響。如山東省龍口市黃河營村，水井裡打上來的水中含有硝基苯（致癌物）和苯胺，無法飲用，只好到三・五公里以外取水喝。

《周易・說卦傳》曰：「說萬物者莫說乎澤，潤萬物者莫潤乎水。」這是說欣悅萬物者沒有比澤更和悅的，滋潤萬物者沒有比水更濕潤的。這裡講的是生態與水的關係。

在《管子・水地》中詳細地講了生態與水的關係，首次提出水是「地之血氣，如筋脈之通流者也」。

水是萬物的本原，生物離不開水，「集於草本，根得其度，華得其數，實得其量。鳥獸得之，形體肥大，羽毛豐茂，文理明著。萬物莫不盡其幾，反其常者，水之內度適也。」水集於草木，則根得其生長之度，花朵得其繁榮之數，果實得其成熟之量。鳥獸有了水，就長得形體肥大，羽毛豐滿，毛色鮮亮，紋理顯著。萬物都依靠水而生機勃勃，回歸常態，內部含藏的水分都適宜得體[8]。這是中國古代第一次明確論述水與生態的密切關係，比起《周易‧說卦傳》來大有進步。

水對生物來說是命根子，是須臾也不能缺乏的。「魚兒離不開水」，最形象不過地說明了水與生物的生態關係。但水對生物有有益的一面，也有有害的一面。如果水過多，超過了「水之內度適也」的範圍，則會成為水害。所以《管子‧度地》把水害列為五害之首：「五害之屬，水最為大」。旱也是五害之一，是水害的反面，水害是水多了，旱害則是水少了，這都是與生態緊密相連的。

《管子》的這種認識，是中國古代實踐經驗的總結。中國在堯舜時代就有水害，禹治水的傳說代代相傳。以後在中國產生了水利事業，發展灌溉農業，都是為了治理水、旱災害，都是圍繞「水」字做文章。這種文章，至今仍在做。

一方面有一九九八年的水害，另一方面又有黃河斷流，北方缺水，四百多個城市缺水，工業缺水，農業缺水。中國的水資源不足，嚴重地影響了中國的生態環境，影響了中國經濟的持續發展。因此，中國水與生態的文章還要繼續做下去。

五、節制的觀點是生態環境保護的基本原則

人類在向大自然索取資源時，必須採取節制的態度才能維持生態平衡，維持大自然資源不致遭到毀滅性的破壞。在人類自身生長發育過程中，也要有節制，才能正常生長。沒有節制，就會走向毀滅。這是生態環境保護的基本原則。節制的現象有時出現在動物攝取食物時會本能地適當留下一部分，保持食物能夠持續供應，不至於這次吃了，下次就沒有吃的了。人類更是逐漸認識到要節制資源索取，要自覺地克制占有慾，克制無窮索取的慾望。《周易》提出的「節」的思想，正是人類節制自身發展和節制索取資源的反映。《周易・節卦彖傳》曰：

節，亨。剛柔分而剛得中。苦節不可，貞，其道窮也。說以行險，當位以節，中正以通。天地節而四時成；節以制度，不傷財，不害民。

黃壽祺、張善文解釋說，節制，亨通，乃是由於剛柔上下區分而陽剛獲得中道（主持節制）。但不可以過分節制而感到苦澀，應當守持正固，（乃是由於不如此）節制之道必至困窮。物情欣悅就勇於蹈艱赴險，居位妥當就能自覺有所節制，處中守正而行事必將暢通。天地自然正是有所節制而一年四季才能形成；君主以典章制度為節制，就能不浪費資財，不殘害百姓❾。

唐孔穎達《周易正義》曰：「天地節而四時成」，這段文字，是「就天地與人，廣明『節』義，天地以氣序為節，使寒暑往來，各以其序，則四時功成之也；王者以制度為節，使用之有道，役之有時，則不傷財，不害民也。」

查慎行《周易玩辭集解》說：

卦象分兩層，節則適中，有可亨之道。苦節則不中，故不可貞。聖人欲維其道於不窮，故節之義不取苦而取甘，不於貞而於亨。貞字作久字解。

總之，適當的「節制」，往往是事物順利發展的一項重要因素。《周易》設立《節》卦，正是集中闡說「節制」應當「持正」、「適中」的道理，故卦辭既稱節制可致亨通，又戒不可「苦節」。可見，《節》卦的基本含義在於：合乎規律的「節制」，有利於事物的正常發展；反之則致凶咎。

這一道理廣見於自然界及人類社會的諸多物象，如季節的推展，動植物的蕃衍，人類喜怒哀樂的情狀，衣食住行的處置，均與「節制」有關。至於古代經濟思想中「節用愛民」的觀點，也與《節》卦的義理密切關聯。歐陽修分析此卦說：「君子之所以節於己者，為其愛於物也。故其《彖》曰：『節以制度，不傷財，不害民』者是也。」（《易童子問》）從這一角度看，可以說，《節》卦在某種程度上反映了《周易》作者的經濟思想[10]。

劉長林認為，「節」包含有四項具體內容：

1.節以中和，「節」含有中和之義。中和是一切生命整體維持平衡穩定，從而生存延續的必要條件。建立合理的節度機制，調控適時而當，事物則平穩中正，運行通暢而長久。

2.當止止，當行行。《艮卦・彖傳》曰：「時止則止，時行則行，動靜不失其時，其道光明。」當行則行，當止則止，表明有自控能力，能夠及時節制，做到行止相宜，符合規範。這裡強調調節要及時，要掌準分寸，即度。大自然的生化過程本身有自我規範，自我調適的功能，人也應當借鑒自然之自制，以禮來約束自己。

3.控制節奏。事物進行的速度並非一概越快越好，應根據具體情況當速則速，當緩則緩。道德修養，改善風化，有如草木之生，有其自身的生命節律，只能循序而漸進。

4.日新其德。《周易》認為事物都有生命，它們必須不斷更新代謝。如何才能日新？須靠及時調節。節是一個永不停頓的過程。《節卦・九五》：「甘節，吉。」甘指水甘。因不斷地得到調節，使水保持清潔而甘甜，故曰「甘節」[11]。

這裡既有人類社會的情況，也有自然界特別是生物界的情況。我們這裡主要討論節制的觀點在自然界和人類社會所起的生態環境保護作用。

第一，空間上的節制

在中國古代有「網開三面」的故事，這個故事形象地說明了古代人在索取生物資源時，不是濫捕濫獵，不是有多少取多少，取得越多越好，而是很理智地自我節制，從空間進行節制，只取其中一小部分，而留下大部分，以利生物持續生長發育。

「網開三面」的故事，來自《史記·殷本紀》，曰：「湯出，見野張網四面，祝曰：『自天下四方皆入吾網』。湯曰：『嘻，盡之矣！』乃去其三面，祝曰：『欲左，左。欲右，右。不用命，乃入吾網。』諸侯聞之，曰：『湯德至矣，及禽獸。』」意思是說，商湯還是一諸侯的時候，有一次，他外出野郊，看見一個人正在張網捕禽獸，那人不僅在東西南北四個方向上都布了網，而且禱告說：「願天下四方的禽獸都投進我的網中。」商湯對此人的作法很惱火，斥責曰：「你不能把天下四方的禽獸都一網打盡呵！」並下令強行撤掉三面的網，只留一面的網，也禱告說：「禽獸啊禽獸，你們願向左飛走就快往左飛走，你們願向右飛走就快往右飛走，不聽我的話，你們就只好自投羅網了。」天下別的諸侯聽了這件事，都說：「商湯這個人真是道德高尚完備呵，連禽獸都得到他的德惠。」

無獨有偶，《周易·比卦·九五》曰：「王用三驅，失前禽，邑人不誡，吉。」意思是說，君王田獵時，三方驅圍，網張一面，聽任前方的禽獸走失，讓願者入網，不願者逃走。屬下邑人也不互相警備，這樣做吉祥。

這裡講的內容幾乎和「網開三面」的意思完全一樣，難道僅僅是偶合嗎？不是！這是古人愛護生物，保護自然資源的一種共識，是在空間上節制索取自然資源的一種措施。朱熹在《周易本義》中說：「如天子不合圍，開一面之網，來者不拒，去者不追，故為『用三驅，失前禽』」。講的也是「網開三面」之意。應該說，這種思想在保護自然資源，保護生態環境上有重大意義。

第二，時間上的節制

所謂時間上的節制，是指人類在索取自然資源時要有時間性，不是隨時索取，而應該定時索取。就像荀子說的：「殺生時，則草木殖」（《荀子．王制》）。在一定的時間內砍伐草木，草木才能繁殖茂盛。其他時間，禁止砍伐。

在上古時代，人們就認識到「夏三月，川澤不入網罟，以成魚鱉之長」（《全上古三代秦漢三國六朝文》卷一「禹禁」）。《逸周書．文傳解》則說：「川澤非時不入網罟，以成魚鱉之長，不麛不卵，以成鳥獸之長。」幼獸鳥卵，是禽獸繁殖的關鍵時刻，這個時候如果殺幼獸，取鳥卵吃，就等於絕了禽獸的後代，以後再也無禽獸可捕捉了。所以古人已經認識到，在禽獸繁殖生長季節，不能捕捉，更不能捕捉幼獸和取食鳥卵。甚至「昆蟲未蟄，不以火田」（《禮記．王制》）。昆蟲未入地下冬眠，不得用火燒田裡的雜草。為什麼？因為此時燒田，則昆蟲滅絕，昆蟲滅絕了，吃昆蟲的鳥還能活嗎？所以昆蟲也要適當保護。保護昆蟲，就是保護鳥類。

《禮記．王制》還提出：「木不中伐，不鬻於市。禽獸魚鱉不中殺，不鬻於市。」就是說，樹木還沒有長成材，不到砍伐的時候，不能砍伐；假如有人於此時伐木，伐下的木也不準到市場上賣。禽獸魚鱉幼小還不到斬殺的時候，不能斬殺；假如有人於此時斬殺，這種禽獸魚鱉也不準在市場上買賣。這不僅是時間上的節制，而且是商業上的節制。至今仍有現實意義。我國政府有明文規定，受保護的野生動物禁止商業買賣。

《禮記．王制》中還有一段話說得更明確，曰：

> 獺祭魚，然後虞人入澤梁，豺祭獸，然後田獵。鳩化為鷹，然後設罻羅。草木零落，然後入山林。不麛不卵，不殺胎，不妖夭，不覆巢。

意思是說，陰曆十月才讓人到湖澤山梁上捕魚獵獸；九月末、十月初，老百姓可以打獵；八月，人們可以設網捕鳥；十月，樹木落葉時，人們才可以進山砍伐樹木。不殺幼獸，不取鳥卵，不殺懷胎的動物，不殺小動物，不毀壞鳥巢。可見周朝人的保護自然資源，保護生態環境的意識已很濃厚。

戰國時，荀子也強調要「謹其時禁」，《荀子．王制》曰：

> 故養長時，則六畜育；殺生時，則草木殖……聖王之制也：草木榮華滋碩之時，則斧斤不入山林，不夭其生，不絕其長也；黿鼉魚鱉鰍鱣孕別之時，網罟毒藥不入澤，不夭其生，不絕其長也。春耕、夏耘、秋收、冬藏，四者不失時，故五穀不絕，而百姓有餘食也；污池淵沼川澤，謹其時禁，故魚鱉優多而百姓有餘用也；斬伐養長不失其時，故山林不童而百姓有餘材也。
>
> 以時禁發，使國家足用而財物不屈，虞師之事也。

荀子把在時間上節制索取自然資源的前因後果講得非常透徹，「謹其時禁」的目的是為人們能夠長期不缺乏自然資源，用現在的話講，就是可持續利用和發展，不致因一代人的濫採濫伐而斷了後代的生路，這是多麼有遠見的思想。現在有極少數的人非常狂妄，他們對古人狂妄，說古代沒有科學，沒有思想，沒有邏輯，沒有這，沒有那，惟獨他才有一切。

狂妄的人呵，你好好想想吧，在當今環境受到破壞的時候，你能提出比古人更高明的思想和做法嗎？某些人在大自然面前狂妄，毫無節制地向大自然索取資源，結果遭到大自然的報復，環境被破壞，災害頻繁，經濟崩潰，人類的生存面臨危機。狂妄的人呵，好好學習古人的言行吧，對照古人富有遠見的思想和言行，你不覺得太渺小了嗎？

第三，工具上的節制

所謂工具上的節制，是指在砍伐、捕殺生物時，要採用有利於生物持續生長的工具，要最大限度地給生物留有生存餘地，而不能一網打盡，一天就消滅一座山林。要取大放小，要有限量。《易經》中也有這方面的內容。

《周易・解卦・上六》曰：「公用射隼於高墉之上，獲之，無不利。」意思是說，王公發箭射擊踞於高城之上的惡隼，一舉射獲，無所不利。這裡講的是箭。

《國語・魯語上》講了一個關於魯宣公違反禁令捕魚，大臣里革割網，保護生物資源的故事，說明周代保護自然資源的法令已深入人心，上下都要遵守，國君也不能例外。里革還說，古時大寒以後可以用大網和魚籠捕魚，禁止用細網捕捉鳥獸魚蝦，只能用叉捕捉大魚。這是為了讓動物繁殖。山上剛生出來的樹枝不能砍伐，湖泊裡未長成的水草不准採割，禁止捕捉小魚、幼獸，讓它們長大。這是自古就有的準則。從里革斷罟的故事中，我們看到了古人透過工具來節制索取自然資源的生動事例，效果是好的。

孔子主張「釣而不綱，弋不射宿」（《論語・述而》）。就是說他只用釣鈎釣魚，不用大網捕魚。也就是說，從數量上限制捕捉，達到保護生物的目的。用帶生絲的箭射鳥，不射已經歸巢棲宿的鳥。

孟子主張「數罟不入洿池，魚鱉不可勝食也」（《孟子・梁惠王上》）。數罟是密網，用密網入池捕魚，小魚也不放過，這樣，下次就沒有魚可捕了。為了能夠常有魚鱉吃，就必須禁止細網入池捕魚，只允許用粗網捕一尺以上的魚。這就是取大放小，讓魚鱉持續生長，不斷供人類索取。

對照當今社會，人們瘋狂地追求索取數量，手段越來越毒辣，網越來越大，越來越細。除了普通網之外，還用電網、毒藥、炸彈、聲納等，毫無控制，不論大小，一網打盡。加上環境污染，使河、湖、海洋生物無法繁衍生長。渤海的對蝦捕撈量從一九八五年的一萬七千噸銳減到一九九四年的二千三百噸，一些漁民因打不到魚不得不下崗，棄漁從農。由於無限制的捕撈，舟山漁場漁業資源已日趨衰減。七〇年代中期，這裡的大黃魚、小黃魚、烏賊已形不成汛期。到一九九八年，大黃魚資源已嚴重衰退，近期內無恢復希望。赤潮頻繁，造成大量海魚死亡，給海洋養殖業帶來了慘重的損失。這就是人們不節制索取造成的惡果，是大自然對狂妄人類的報復。

第四，法制上的節制

人們用法律手段來限制人類貪得無厭地索取自然資源，以保護自然資源和生態環境。這種節制比前面幾種節制方法更好，帶有強迫性質，樂意不樂意都得執行。《周易・節卦・彖傳》曰：「天地節而四時成；節以制度，不傷財，不害民。」君主以典章制度為節制，就能不浪費資財，不殘害百姓。強調制度在節制中的作用。

傳說夏朝就有了關於自然資源保護的禁令，《逸周書・大聚解》載：

> 禹之禁，春三月山林不登斧斤，以成草木之長；入夏三月，川澤不施網罟，以成魚鱉之長；不麛不卵，以成鳥獸之長。

這是中國最早的環保法規。

西周初年曾頒布《伐崇令》（見《全上古三代秦漢三國六朝文》卷二《說苑・指武》），內容為：

> 毋殺人，毋壞屋，毋填井，毋伐樹木，毋動六畜。有不如令者，死無赦。

這個法令非常嚴厲，誰不守法，判處死刑，絕不赦免。這對保護生物資源和環境非常有利。

光有制度法規還不行，還要有執行制度法規的政府機構和官員才行。據王宇信《西周職官簡介》，周代設立了環境管理的官員「林」、「虞」、「牧」等官，他們分別管理山林、川澤和牧畜⓬。據《周禮・地官・司徒》記載，「山虞」「掌山林之政令，物為之厲，而為之守禁。仲冬斬陽木，仲夏斬陰木。凡服耜，斬季材，以時入之。令萬民時斬材，有期日。凡邦工入山林而掄材，不禁。春秋之斬木不入禁。凡竊木者有刑罰。」這是詳細講了「山虞」的職責和制度，對竊木者進行處罰。

「林衡」「掌巡林麓之禁令，而平其守，以時計林麓而賞罰之。若斬木材，則受法於山虞，而掌其政令。」林衡負責保護山林，保護有功者賞，有錯者罰。有人要砍木材，則要得到山虞的批准才允許砍伐。

「川衡」「掌巡川澤之禁令，而平其守。以時舍其守。犯禁者執而誅罰之。」川衡負責河湖的管理，違反禁令者抓起來處罰。

「澤虞」「掌國澤之政令，為之厲禁，使其地之人，守其財物，以時入之於玉府，頒其餘於萬民。」澤虞負責管理國家級的大湖泊，嚴格禁守，動員當地人守護財物，每年定時向上級交納貢物，餘下的財物則分給當地百姓。

「跡人」「掌邦田之地政，為之厲禁而守之，凡田獵者受令焉。禁麛卵者，與其毒矢射者。」跡人負責管理國家的田地，嚴格看守。打獵的人要遵守禁區的法令，禁止獵取幼獸和鳥卵，禁止用毒箭射殺。

《周禮》講的官職分得很細，但它成書較晚，不是一時一人之作。書中所講的「周制」，有不少後人托古改制的成分或本來就是後世的制度，與金文所反映的周制很不一致，因此，該書不能作為了解西周官制全貌的可靠依據，這是必須說明的⓭。

在《管子・立政》和《荀子・王制》中分別對虞師的職責範圍作出規定：

> 修火憲，敬山澤林藪草木，天財之所出，以時禁發焉，使民足於宮室之用，薪蒸之所積，虞師之事也。
>
> 修火憲，養山林藪澤草木魚鱉百索，以時禁發，使國家足用而財物不屈，虞師之事也。

這兩段話內容基本一致，只是個別字有異，可見，虞師是當時管理自然資源開發的官員，負有保護自然資源的責任，實際上就是負責保護生態環境。

此後，歷代都有一些保護生態環境的法規，這些法規至今仍可借鑒，具體內容下面再講。總之，易學中的節制觀在中國古代生態環境保護中起了很大的作用，這些觀點至今仍有現實價值，值得人們好好繼承和借鑒。

【註釋】：

❶ 南懷瑾：《易經雜說》第二十一頁，中國世界語出版社，一九九六年。

❷ 尚秉和：《周易尚氏學》，中華書局，一九八〇年。

❸ 《易經繫傳別講》第三百九十九～四百頁，復旦大學出版社，一九九七年。

❹《十三經注疏》第八百六十四頁，中華書局影印，一九八〇年。
❺《易學綜述》第三百四十～三百四十二頁，中國廣播電視出版社，一九九〇年。
❻張雲飛：《天人合一——儒學與生態環境》第六十二～六十四頁，四川人民出版社，一九九五年。
❼李瑞環：《關於我國水的幾個問題》。載《人民政協報》一九九八年十月二十四日。
❽譯文用滕新才、榮挺進譯注：《管子白話今譯》第三百五十五頁，中國書店，一九九四年。
❾《周易譯注》第四百八十八～四百八十九頁，上海古籍出版社，一九八九年。
❿《周易譯注》第四百九十三～四百九十四頁。
⓫劉長林：《〈易傳〉群生求久思想》，載《國際易學研究》第四輯第一百五十二～一百五十四頁，華夏出版社，一九九八年。
⓬楊志玖主編：《中國古代官制講座》第十五頁，中華書局，一九九二年。
⓭楊志玖主編：《中國古代官制講座》第十九頁，中華書局，一九九二年。

第三章　易學影響下的風水

一、易學與風水

《易經》位於中國傳統文化經典之首，是經典中的經典，學問中的學問，哲學中的哲學，四書五經一切中華文化思想，都來自《易經》❶。風水作為中國的風俗文化，自然也不例外，與易學有密切的聯繫。

㈠在易學的影響下，相地術演變爲風水術

風水在發展過程中，並不是一開始就和易學有聯繫。風水作為風俗文化，在中國已有幾千年的歷史。最初它是一種很樸實的相地術，就是考察哪些地方適合人類生產、生活，以便定居。再進一步則是房子應該蓋在什麼地方，門應該安置在什麼方位等。是一種實用價值頗高的相地知識或技術，因而被稱為相地術。

相地術最早出現於六千至八千年前的新石器時代，那時的人已經知道房屋的門要朝

南開，房屋要蓋在河流兩旁的階地或高出周圍平地的山岡、沙地和臺地上。如：

河南新鄭裴李崗遺址，雙洎河自北而南，又自西而東環繞遺址流過，遺址正處於雙洎河的河灣中，高出河床約二十五公尺。這個遺址的選擇就含有地貌知識。

距今七千至八千年前的密縣莪溝遺址，正處於綏水和洧水交匯的三角地帶，遺址高出河床七十公尺。周圍有大片可耕的土地。遺址處於群山環抱之中，四周山嶺連綿，林木叢生，是漁獵的好場所。這樣的地理環境很適合居民生活。

仰韶文化遺址多選擇在被流水切割的黃土高原上或峽谷上，有的在河流階地上。

廣西柳州新石器時代遺址分布在沿河兩岸的一級臺地上，一般背山面水，多處在小河或小沖溝與柳江的匯合處。

廣西南寧地區新石器時代晚期遺址常在大河的拐彎處或大小河流匯合的三角嘴上，一般前臨江，後靠山，附近有較開闊的平地，高出水面三～二十公尺。

武安磁山遺址，處於太行山脈的鼓山山麓，南臨洛河，臺地高出河床二十五公尺。洛河在遺址之南由西向東流去，接著由南向北流，遺址正好處在洛河的河曲中。

吉林懷德縣新石器時代遺址位於依山傍水，背風向陽，土質肥沃，風景秀美的地方，西邊一百公尺是東遼河，東邊八百公尺是神仙洞山，是古人理想的居住之地。

湖南辰溪縣潭灣新石器時代遺址，位於辰水北岸，高出河床十三公尺多的臺地上，三面環水，一面靠山，背風向陽，適於居住。

長江流域下游的新石器時代居住遺址，多選擇在土墩上，地勢比平原高，不被水淹，高出附近水面五～十公尺不等。多在湖旁或河旁。「土墩遺址」是良渚文化中數量最多的一類遺址，約占良渚文化遺址的百分之六十左右。

沿海地區新石器時代居住遺址多選擇在古海岸的高阜岡丘之上，被稱為「貝丘遺址」。分布在上海、山東半島、廣西、廣東等地。其特點是三面或一面均鄰近山脈或丘嶺，另一面或兩面則面向河谷平原或低窪地，中心部位一般位於一個較高的臺地上，海拔二十～三十公尺左右，距海岸線六公里以下。堆積的貝殼有牡蠣、蜆、蛤仔、泥蚶等。

與此同時，也開始替死人選擇墓地、墓穴，埋葬死人也要選擇方向。墓葬始於舊石器時代晚期，離居住區不遠。因此，墓葬地址的選擇與居住地的選擇基本一致。

墓葬的朝向東、西、南、北、東北、西北、東南、西南八個方向都有，其中向西的最多，約占百分之二十一，其餘依次為向南、向東、向西北、向東北、向西南、向東南、向北。

新石器時代房屋朝向的選擇與墓葬朝向的選擇其含義是不一樣的。房屋朝向的選擇主要是為了爭取陽光，保暖，躲避北面的寒風等。而墓葬方向的選擇則是一個民族的風俗或某種觀念的反映。從民族學來說，不同民族說法不一。如瑤族認為，人從哪裡遷來，頭就朝向那裡。布朗族認為，頭應朝日落的方向。他們把人從生到死比做太陽的東升西落，人死後就隨太陽落下。

有一種觀念認為，事死如事生，人死了，靈魂還活著，他要像活人一樣的生活。所以，墓穴中隨葬了生產工具、生活用品、裝飾品和武器等。墓葬朝向與生前的房屋朝向一致，這種觀念成為後來風水擇地的一種觀點。

可見，在原始社會，相地、相宅、相墓幾乎是同時產生的，是一種質樸的相地術，只不過人們的習俗或某些觀念對相地術有些影響而已。

夏代葬制仍很簡陋，無墳，沒有墓上建築，亦無殉葬，帝王與平民的葬法無異。故《周易・繫辭下》曰：

古之葬者，厚衣之以薪，葬之中野，不封不樹。

《呂氏春秋・孟冬紀・節喪》也說：

葬也者，藏也，慈親孝子之所慎也……葬不可不藏也。葬淺則狐狸扣之，深則及於水泉。故凡葬必於高陵之上，上避狐狸之患，水泉之濕。

《呂氏春秋・安死》又說：

堯葬於谷林，通樹之；舜葬於紀市，不變其肆；禹葬於會稽，不變人徒。

《漢書・楚元王傳附劉向傳》曰：

殷、湯無葬處，文、武、周公葬於畢，秦穆公葬於雍橐泉祈年館下，樗里子葬於武庫，皆無丘壠之處。

東漢崔寔《政論》曰：

古者，墓而不墳，文（周文王）、武（周武王）之兆（指墓地的兆域，屬於墓地的面積）與平地齊。（馬國翰輯：《王函山房輯佚書》）

上述文獻記載說明，直到周朝，葬制仍很簡樸，無墳臺。齊國大夫成子高的思想更是值得後人繼承，他說，人生要有益於人，死不害於人。我死後選一塊不能耕種的地方埋葬，不致占用耕地，妨礙生產（《禮記・檀弓》）。

在陽宅建築與選址方面，從商代開始已有占卜吉凶的內容。商代甲骨文中已有卜問在唐土作新邑是否合適，武丁作邑上帝是否允許的卜辭。周朝曾多次遷都和營建新邑，如公劉遷豳，古公遷岐山，成王營洛邑等，每次都要相地，以勘察地理條件好壞為主要內容，但決策的依據則是占卜吉凶。如：

《詩・庸・定之方中》曰：「定之方中，作於楚宮，揆之以日，作於楚室……卜云其吉，終然允藏。」這是描述文公遷都於楚丘後，建宮室的故事，其問卜的結果是好，是吉，故決定在楚丘建宮室。

《詩・大雅・文王之什・文王有聲》曰：「文王有聲……考卜維王，宅是鎬京，維龜正之，武王成之。武王烝哉。」這是贊美文王遷都豐京、武王遷都鎬京的事，其中講到是根據占卜定下來的。

《尚書・周書・洛誥》曰：「予惟乙卯，朝至於洛師。我卜河朔黎水，我乃卜澗水東，湹水西，惟洛食。我又卜湹水東，亦惟洛食。伻來以圖及獻卜。」意思是說，我在乙卯這天早晨到了洛邑。我占卜了黃河以北的黎水，不吉。我占卜了澗水以東，湹水以西的地方，得吉兆，是洛這個地方。又占卜了湹水以東的地方，也得到了吉兆，是洛。現在派使者獻上地圖和卜兆。

可見，商周時期相地術與占卜有了很密切的關係，而起決定作用的是占卜，相地成了輔助地位。相地好，若占卜不吉，則不能用。

卜之後又出現筮，卜筮經過長期發展，產生了卜筮之書，這就是《易》。不同時代有不同的《易》，如《連山》、《歸藏》、《周易》。《周禮・春官》曰：「太卜掌三易之法，一曰《連山》，二曰《歸藏》，三曰《周易》，其經卦皆八，其別皆六十有四。」現在《連山》、《歸藏》已不存在了，只存《周易》。《漢書・儒林傳》曰：「及秦禁學，《易》以筮卜之書獨不禁。」三易同為筮卜之書，秦代不可能禁止。那為什麼只存《周易》，而前兩易不存呢？一個可能是前兩易比《周易》古老，在傳承過程中逐漸失散；另一個可能是《周易》最後成書，內容更符合新的時代，故被繼承下來。

三易產生後，自然會對相地術產生影響，相地術中的占卜內容得到加強。陰陽、五行、四神獸、八卦方位、鬼福及人等思想逐漸滲入相地術中，使相地術逐漸演變為風水術。舉幾個例子：

1.春秋時奄國都城——奄城，位於今江蘇省常州市西南，屬武進縣湖塘鄉淹城村，奄城遺址保存完好，是我國現在最古老、最完整的地面城池建築。它有三重城牆，即王城、內城和外城。每重城垣外都有護城河，三重城垣都只開一個旱路城門。三個城門的方向也不同，王城門南向，城內地勢高，中間有塊高地，可能是宮室遺址。內城為不規則圓形，門西南向，外城也是不規則圓形，門西北向。

這個遺址表明，當時的城市規劃設計已受後天八卦思想影響。將奄城遺址圖（見圖三—一）與後天八卦圖對照，即明白當時城市規劃設計者的意圖。

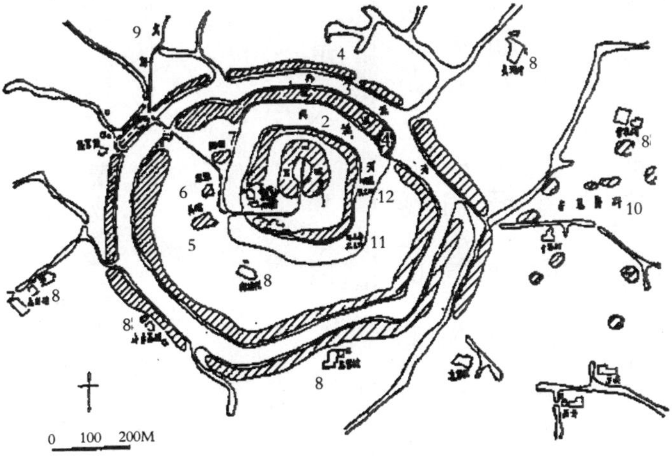

圖 3-1 奄城遺址圖

1.王城 2.內城河 3.外城河 4.外城 5.頭墩 6.肚墩
7.腳墩 8.村莊 9.大路 10.古墓葬群
11.獨木舟出土處 12.銅器出土處

第一，王城門向南開，八卦為離，離的意思是明，表明王者向明而治，即面南而王。這個門的朝向代表人。

第二，內城門西南向，八卦為坤，坤代表地，代表陰。地要順應天，陰要順陽，臣要順王。坤居西南為母，母道在養育萬物。西南是萬物長養的方位。

第三，外城門西北向，八卦為乾，乾代表天，代表陽。乾居西北為君道，為父道，天道尊嚴。

所以，奄城的規劃設計體現了天、地、人的關係，是早期風水思想的反映。

2. 太原市有一座春秋時代的古墓，後枕西山，面向汾水，正是「負陰抱陽」的具體體現。「負陰抱陽」是風水理論之一，是風水術的基本原則。

3. 秦始皇陵選在驪山北麓，左邊有青龍盤，右邊有白虎踞，把四方四神獸用於選擇墓地。四神獸的起源很早，它代表天象。距今六千多年的仰韶文化早期墓葬中，已有東方青龍，西方白虎的圖形❷。在晚商先周時期，宗周的豐京瓦當中，已有四神獸的塑飾。《周禮・考工記》中記載有四象，說明在先周之時，四象已成為固定的模式❸。因此秦始皇陵選址採用四神獸的格局並不奇怪，是歷史發展的結果，體現了初期風水中的「天人合一」思想。

4. 據《後漢書・袁安傳》記載，袁安父親去世後，母親要他尋訪墓地，在路上遇見三個書生，問袁安到哪裡去？袁安回答了來此的緣故。三個書生聽後，便指著一塊地說，你父親葬在那裡就行，會使你家世世代代有人出來做大官，位及宰相。說完三書生不見了。袁安按書生指點把父親葬在那塊地下。後來袁安一家果然世世代代興隆。這個故事說明，東漢時相墓的目的已含有「祖先蔭庇後人」或「鬼福及人」的思想。

5. 據《三國志・管輅傳》記載，三國時已有陰宅（墓地）吉凶的說法。如曹魏管輅善相墓，有一次他隨軍西行，路過毌丘儉墓地，當他看了一遍墓地後，就靠在一棵樹上哀吟，悶悶不樂。同行者問他為什麼不高興？他說，這個墓地不好，你們看，玄武藏頭，蒼龍無足，白虎含尸，朱雀悲哭，四面都是危機，這家人不久當遭滅族之禍。兩年以後，果如其言。這個故事中，管輅從觀察四神獸入手，來判斷吉凶禍福，比第三個例子又進了一步。

6. 晉朝時，已有陽宅吉凶的記載。如《晉書・魏舒傳》說，魏舒少年時代成了孤兒，寄養在外祖母寧家。寧家蓋新房時，相宅的人說，這座房子將來會出一個大貴人外孫。後來魏舒官至司徒（宰相）。

7. 據《宋書・王僧綽傳》記載，三國時吳國丁奉的住宅被人們稱為凶宅，因為在此住過的丁奉遭全家流放。以後周凱、蘇峻、袁悅、司馬秀、藏燾等均在此住過，均以凶終。

以上事例說明，在易學及其他思想影響下，相地術已在春秋至魏晉這段時間演變成風水術，明確地將陰宅、陽宅與主人或後人的吉凶禍福緊密相連。晉朝出現了風水代表作郭璞的《葬經》。現存《葬經》二卷，分內篇、外篇和雜篇，主要內容是：

(1)風水理論，闡發「鬼福及人」的思想，闡述氣的作用。

(2)相地的方法步驟，總的原則是「得水為上，藏風次之」，強調指出哪些地方是凶地，不能葬，哪些地方是吉地，葬後後人會發達。

(3)講勢、形與方向的關係。

這是一本具有較完整系統的風水著作，對後世影響很大，郭璞則被後人稱為風水的祖師爺。

(二)易學對風水理論的影響

風水是中國的特產，外國沒有。其原因是中國有《易經》、易學，這是外國沒有的獨特哲學。所以，在易學影響下形成的風水就成了中國的特產。可以這麼說，沒有易學就沒有風水，易學是風水的母體。特別是風水理論的形成，易學起了決定的作用。下面把易學對風水理論的影響分四個方面作些論述：

1. 陰陽理論

《莊子．天下》曰：「《易》以道陰陽。」講陰陽就是講矛盾。陰陽是《周易》的基礎，《周易》離不開陰陽，全部《周易》都是講陰陽的。其表示方法可以不同，叫法可以不同，比如陰陽、天地、乾坤、夫婦、奇偶等，表示的意思都是陰陽。一陰爻，一陽爻，構成八卦，構成六十四卦，是《周易》最基本的細胞（金景芳：《周易講座》）。

對風水來說，陰陽是風水之祖，講風水龍脈必須講陰陽。一陰一陽，相間而成，這樣才不呆板，顯得有生氣，景色美。風水學說中，山以高峻為陰，平衍為陽；曲為陰，直為陽；俯為陰，仰為陽；尖為陰，窩為陽；靜為陰，動為陽；山為陰，水為陽。

此外，陽代表生，陰代表死。人當然是喜生惡死，喜陽惡陰。所以在風水中，大的格局要體現陽，要有比較多的陽的成分，如要有豐富的水流，有較大面積的平原等。雖然說選風水寶地時，要選那些陰陽平衡的地點，只有這些地方才能「陰陽序次，風雨時至，春生繁祉，人民和利，物備而樂成」（《國語‧周語》），才具備人們繁衍生息，安居樂業的環境物質條件。

陰陽相地包含了地形、地質、水文、氣候、植被、生態、景觀諸要素的選擇。由於「陽益陽，而陰益陰，陽陰之氣固可以類相益損也。」（《春秋繁露‧同類相動》）因此，風水選址中往往偏重陽，不偏陰。而陽陰正好平衡的地點很難那麼準確地找到的。這就是風水選擇中局要陽，水口要陽。（即要有暢通的水流出口），一切龍（大的山系）、砂（小的山脈）、穴（陽宅、陰宅的地址）、水無不要陽（實際是偏重陽）的道理。

風水家主張，陰龍（指西方的山系）必得陽水（指東方的水）來含，陽龍（指東方的山系）必得陰水（指西方的水）來交，陽龍左行而陰水右來，陰龍右行而陽水左來，到堂合襟。沖陽和陰，萬物化生（《平砂玉尺經》）。山水雖二，但表示一陰一陽，須臾不可分離。山無水不變，水無山不合。一動一靜，一陰一陽。山主人丁，水主財祿（《青囊序》）。山水搭配，環境才美，生態環境才好，人類居住在這種地方才覺得舒適。

2. 推算吉凶的理論

風水中推算吉凶的理論是從易學中引進的。《周易》本身就是卜筮之書，講吉凶。所以《繫辭上傳》曰：「方以類聚，物以群分，吉凶生矣。」「聖人設卦觀象，繫辭焉而明吉凶，剛柔相推而生變化，是故吉凶者，失得之象也。」吉凶是什麼？吉就是得，凶就是失，得是成功，失是失敗。後來發展成為吉是福，凶是禍的觀念。從吉凶觀念出發，《周易》告誡人們怎樣幹得吉，怎樣幹會出現凶，也就是說，你需要幹什麼和不要去幹什麼。

《周易》判斷吉凶的辦法是「觀象」，卦辭根據一卦之卦象來判斷一卦的吉凶。爻的吉凶，主要由爻所處的位及其與別爻的相互關係決定（《周易講座》）。《周易・繫辭上》曰：「八卦定吉凶，吉凶生大業。」「探賾索隱，鈎深致遠，以定天下之吉凶。」「天垂象，見吉凶，聖人象之。」「定之以吉凶，所以斷也。」

漢人重象數，講卦氣、納甲、爻辰等。他們給《周易》加上卦氣、納甲、爻辰，使卜筮的範圍更廣，這就是漢易（《周易講座》）。漢易對風水理論影響很大，比如：

(1) 卦氣說　卦氣說盛行於東漢，主要是以坎、震、離、兌主一年四季，即坎主冬，震主春，離主夏，兌主秋。再以此四卦的二十四個卦爻分主一年二十四節氣。每個節氣又分三候：初候、次候、末候。因每個節氣十五天，故每候主五天。這樣，由二十四節氣又推衍出七十二候。風水術把卦氣說納入羅盤中，用來推算陰陽消長，五運六氣，從而判斷吉凶。卦氣說主要是講氣候變遷，自然環境中氣候的變化，會影響生命也產生相應的變化。故風水術列卦氣說於羅盤中含有一定的生態環境意識。

(2) 納甲說　這是漢京房、三國虞翻以納甲說《易》，用八卦、十干、五行、五方相配合。乾坤納兩頭，乾納甲與壬，坤納乙與癸。把六十四卦每一爻配上干支，從而使《易經》六十四卦與術數學相聯繫，為人占卜吉凶。實際上納甲還是根據宇宙運行規律來推算陽宅、陰宅地點是否合時，是否生旺。如果推算的結果是衰死，則這個地點不能用，要麼換人，要麼改時間，這和卦氣說有點類似。推算時要把這些內容納入羅盤中，便於推算，也看得明白，不然說不清楚。

(3) 爻辰　以《周易》乾、坤卦的陰陽六爻配合十二時辰，故名爻辰。《易緯・乾鑿度》謂乾的初爻以十一月子為正，「左行，陽時六」；坤的初爻以六月未為正，右行，陰時六」。乾坤「交治而交錯行」，稱為「納子」。東漢鄭玄把它同十二律相配合，稱為「納音」，用來推驗吉凶。在風水術中，也是把這些內容納入羅盤中，便於推算。沈括在《夢溪筆談》卷五說：「六十甲子有納音……蓋六十律旋相為宮法也。一律含五音，十二律納六十音也。凡氣始於東方而右行，音起於西方而左行，陰陽相錯而生變化。所謂氣始於東方者，四時始於木，右行傳於火，火傳於土，土傳於金，金傳於水。所謂音始於西方者，五音始於金，左旋傳於火，火傳於木，木傳於水，水傳於土。納音之法，同類娶妻，隔八生子，此律呂相生之法也。」

3. 氣論

《周易・繫辭上》曰：「精氣為物，游魂為變，是故知鬼神之情狀。」就是說考察精氣凝聚成為物形，氣魂游散造成變化，就能知曉鬼神的情實狀態。鬼神在《易經》中就是變化。《周易・說卦傳》曰：「天地定位，山澤通氣。」「山澤通氣，然後能變化，既成萬物也。」天地設定上下配合的位置，山澤一高一低交流溝通氣息。山澤異處而流通氣息，然後自然界才能變化運動而形成萬物。可見在《周易》中講的氣或精氣是一種看不見的物質，這種物質可以變化生成萬物。西漢孟喜《易》學，以氣為本，有卦氣圖。

風水術中發揮了《周易》以及歷代關於氣的理論，強調氣在風水中的作用。在郭璞的《葬經》中，說是「葬者乘生氣」。生氣又稱五氣，即五行之氣。生氣的含義是陰陽沖和之氣，具體到山川地形則表現為土厚水深，草木暢茂。山必開陽而後生氣聚，水必彎曲而後生氣留。山必有起伏、轉折活動而後有生氣，水必有停蓄之處而後有生機

（《地理或問》）。

與生氣相對的是殺氣，殺氣埋伏的地方，在沙礫、蟲蟻、蛇毒。因此，生氣、殺氣的說法體現了風水家對生態環境的看法。生態環境好的為生氣，生態環境差的為殺氣。在此基礎上，風水家又進一步提出各種地形體現生氣的標誌，如龍（指山系）以開屏列幛（似屏、幛排列成排）為生，脈（指小山脈）以開睜展肩為生，砂（指更小的山脈）以彎抱有情為生，水以平彎聚瀦為生，前朱雀（指小山，以四神獸之一朱雀名之）以翔舞為生，後玄武（玄武，四神獸之一，指北方的山）以垂頭為生，左青龍（指東方的山）以蜿蜒為生，右白虎（指西方的山）以馴頫為生，中央穴以隈藏為生。

總之，龍砂穴水無不要陰陽相交，有變化，起變化，方有生氣。二氣交聚，一絲不漏，其氣始生也（《地理知止》）。

在《葬經》中，通篇充滿「氣」的概念，略引幾段，以見一斑。

> 葬者，乘生氣也。五氣（五行之氣）行乎地中，發而生乎萬物。人受體於父母，本骸得氣，遺體受蔭。《經》曰：氣感而應，鬼福及人。蓋生者氣之聚；凝結者成骨，死而獨留；葬者反氣納骨，以蔭所生之法也。丘壠之骨，岡阜之支，氣之所隨。《經》曰：氣乘風則散，界水則止。古人聚之使不散，行之使有止，故謂之風水。風水之法，得水為上，藏風次之。

這一段把葬者為什麼要乘生氣的道理做了說明，並解釋什麼是風水，這是我國最早解釋風水的文字。接著又講了氣無所不在，其表現形式多種多樣：

夫陰陽之氣，噫而為風，升而為雲，降而為雨，行乎地中，而為生氣。夫土者氣之體，有土斯有氣。氣者水之母，有氣斯有水。《經》曰：土形氣行，物因以生。夫氣行乎地中，其行也，因地之勢；其聚也，因勢之止。《經》曰：形止氣蓄，化生萬物，為上地也。《經》曰：地有吉氣，土隨而起。支有止氣，水隨而比。

在《靈城精義》中，講到了如何識別生氣的問題。山巒形勢，大多剛猛頑硬，不秀麗。若見山巒秀麗，便是真氣所聚，故以峰巒之秀氣為生氣。江河水勢，大多流走散逸，就怕不深澄寧靜，若見諸水匯合水積，便是真氣所鍾，故以水之積氣為生氣。石山威而成體，有生氣，故以石之煞氣為生氣。

從地形上看，周圍高，中間低的地方則氣蓄，萬物生長茂盛，這種地方就是生氣薈萃之地。生氣會聚的地方，植物生長快，甚至竹拐杖插下去也能生根長葉。可見生氣與好環境有密切的關係，在風水家的眼中，生氣多的地方環境好，生氣少的地方環境就不那麼好。

4. 方位論

易學中牽涉到方位的有四象、河圖、洛書、九宮、先天八卦、後天八卦、十二辟卦、二十四山、卦氣圖、六十四卦圓圖等。其中前四種是方形的方位，後六種是圓形方位。圓形方位從東西南北四位發展到八卦的八位，十二辟卦的十二位，二十四山的二十四位，卦氣圖的七十二位與六十位，直至六十四卦圓圖的六十四位。易學的方位觀念對風水影響很大，風水羅盤中幾乎包括了易學的各種方位，如：

(1) 四象與四方　在《周易》中，四象指四季，它與四正方位對應。東方為春，南方為夏，西方為秋，北方為冬。用易卦表示則是震、離、兌、坎。五行引入易學後，與四卦相應的五行是木、火、金、水。

(2) 五位與五行　《周易》中有五位，無五行。所謂五位，是指大衍之數中五個天數1，3，5，7，9這五個奇數；五個地數2，4，6，8，10這五個偶數，「五位相得而各有合」，1與2相得，3與4相得，5與6相得，7與8相得，9與10相得，有了「五位」之名。

在河圖中，把1至10這10個自然數，奇偶搭配安排在東南西北中五個位置上。其口訣是：

一六共宗居於北
二七為朋居於南
三八同道居於東
四九為友居於西
五十同守居於中

這裡五個方位的位置很明確。由河圖引入五行，用1至10這10個自然數表徵金、木、水、火、土五行，這就是：1、6北方水，2、7南方火，3、8東方木，4、9西方金，5、10中央土。其歌訣是：

天一於北生水，地六成之；
地二於南生火，天七成之；
天三於東生木，地八成之；
地四於西生金，天九成之；
天五於中央生土，地十成之。

用圖表示，如圖三—二。這個圖不僅把易學與五行緊密地結合起來，而且為五行在風水羅盤上的應用打下了基礎。

(3)八卦與八方　八卦與八方的關係如圖二—一一所示，為後天八卦的方位圖，震為東，巽為東南，離為南，坤為西南，兌為西，乾為西北，坎為北，艮為東北。圖二—一為先天八卦的方位

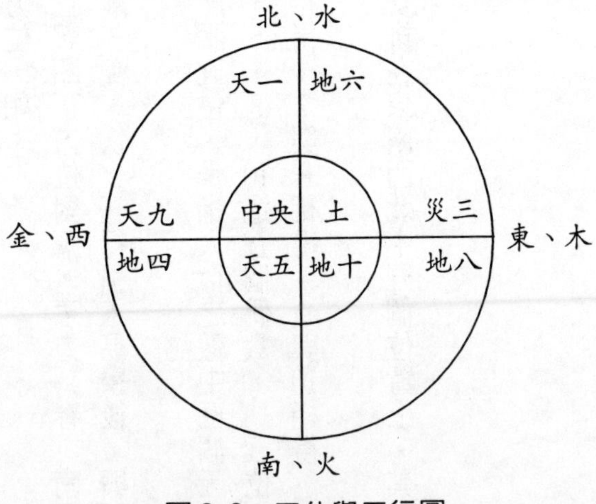

圖 3-2　五位與五行圖

圖，乾為南，巽為西南，坎為西，艮為西北，坤為北，震為東北，離為東，兌為東南。在風水羅盤中，先天八卦、後天八卦都用，作用不同，含義也有差別。先天八卦是乾坤定南北，離坎定東西。後天八卦是坎離定南北，震兌定東西。

(4)九宮圖與方位　九宮圖由洛書演化而來。洛書用一至九這九個自然數來安排方位。5居中心，其餘八個數安排在四正四維八個方位上，形成「戴九履一，左三右七，二四為肩，六八為足，五居其中」的九宮格局，如圖三—三。

洛書有三個特徵：

①洛書既表示方位又表示時間，是一幅時空統一圖。陽數1、3、9、7表示四正和二至（夏至、冬至）二分（春分、秋分）。即：一居北，為冬至；三居東，為春分；九居南，為夏至；七居西，為秋分。陰數2、4、8、6表示四維和四立。即：八居東北，為立春；四居東南，為立夏；二居西南，為立秋；六居西北，為立冬。

②洛書象徵天地人三才，並含有事物從產生、發展到衰落的過程。奇數為陽，象徵天，沿著順時針方向運轉，陽氣在

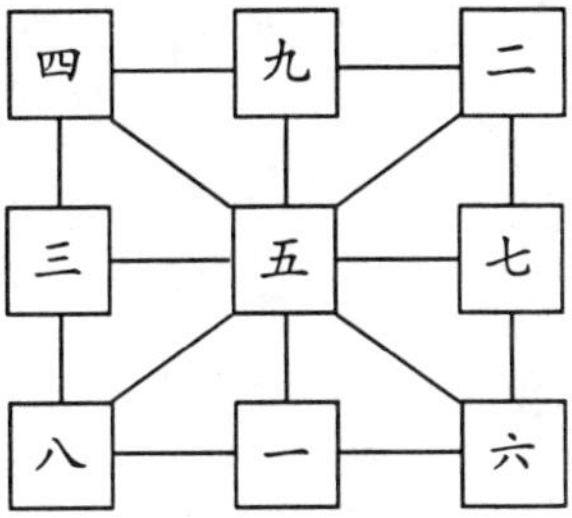

圖 3-3　九宮圖

巽四（東南）	離九（南）火	坤二（西南）
震三（東）木	中五土	兌七（西）金
艮八（東北）	坎一（北）水	乾六（西北）

圖 3-4　洛書九宮、後天八卦與五行圖

四綠（凶）	九紫（吉）	二黑（凶）
三碧（凶）	五黃（凶）	七赤（凶）
八白（吉）	一白（吉）	六白（凶）

圖 3-5　紫白九星圖

北1初生，東3增長，南9極盛，西7消退。偶數為陰，象徵地，沿著逆時針方向運轉，陰氣在西南2初生，東南4增長，東北8極盛，西北6消退。5在中央，象徵人，以人為中心，軸對稱的四對卦卦數和均為10。可見這是一個平衡系統。

③洛書可簡化為九宮圖，並與後天八卦相對應，也可加進五行。如圖三—四（楊維增：《周易和住房風水》）。

九宮又稱太乙九宮，對風水的影響體現在九宮圖本身成為風水的理論基礎。如堪輿家將九宮與九色相配，成為「一白、二黑、三碧、四綠、五黃、六白、七赤、八白、九紫」。九色又稱九星，風水術認為九星中屬於紫、白星的為吉，餘皆凶。並以此製成九星圖（圖三—五），根據流年的變化來判斷吉凶。同時風水中還將八卦與九宮相配，創立所謂八宅格局，這便是明清盛行的《八宅周書》或《八宅明鏡》的陽宅風水理論的基礎（何曉昕、羅雋：《風水史》）。

(5)十二辟卦與方位　如圖二—二所示，它是取六十四卦中的十二個特殊卦形，配合一年十二月的月候，指示自然界萬物「陰陽消息」的意義，故又名「月卦」、「候卦」、「消息卦」。十二辟卦首見於《歸藏》云：「子復、丑臨、寅泰、卯大壯、辰夬、巳乾、午姤、未遁、申否、酉觀、戌剝、亥坤」。「辟」的意思是君、主，以十二卦主十二個月，以地支表示十二個方位，自子至午是生長的季節，即冬、春、夏，自午至子則是成熟、收藏或叫衰敗的季節，即夏、秋、冬。風水羅盤中用十二辟卦來推斷生旺衰死，也就是吉凶禍福。

(6)二十四方位圖　李道平《周易集解纂疏》曰：

二十四方位，即陰陽家二十四山也，其實漢人言《易》多用此法，其義最古……八卦惟用四隅，而不用四正者，以四正卦正當地支子、午、卯、酉之位，故不用卦而用支，用支即用卦也。八卦既定四正，則以八干輔之，甲乙夾震，丙丁夾離，庚辛夾兌，壬癸夾坎；四隅則以八支輔之，戌亥夾乾，丑寅夾艮，辰巳夾巽，未申夾坤。合四維、八干、十二支，共二十四。天干不用戊己者，戊己為中央土，無定位也。

圖 3-6　二十四方位圖

在風水術中，二十四方位用得最多，羅盤上為正針。此數上應天時二十四節氣，下行地中為二十四山方，又稱二十四路。所有的方位都與吉凶相關，或凶或吉，順之者昌，逆之者亡。（圖三—六）

由上述易學對風水的影響來看，可以這樣說，易學是源，風水是流；易學是理，風水是術；易學是體，風水是用（楊維增：《周易和住房風水》）。因此，講易學與生態環境時，不能不講風水與生態環境。如果說易學與生態環境偏重於理論，那麼，風水與生態環境則偏重於實踐，是易學與生態環境內容的重要組成部分。

二、風水對生存環境的選擇

這裡，我們強調風水對生存環境（即陽

宅）的選擇，而少談陰宅（即墓葬），因為陰宅對環境的選擇往往是由陽宅引申而來。另外，選擇陰宅環境的理論「蔭福及人」的說法是不可信的，是迷信的東西，我們堅決摒棄。下面依次敘述三個方面的內容：

㈠ 都城選址

1. 秦都咸陽城

秦始皇已注重用風水理論來選擇地點，設計規劃都城咸陽城。理論之一是天人合一和地法天。地法天理論來自老子，《老子・第二十五章》曰：「人法地，地法天，天法道，道法自然。」這裡的「法」，是效法的意思。天上有什麼，地上也照樣有什麼，天上有銀河，地上也可以找一條河象徵銀河。《三輔黃圖》記載：

> （始皇）二十七年作信宮渭南，已而更命信宮為極廟，象天極。自極廟道驪山，作甘泉前殿，築甬道，自咸陽屬之。始皇窮極奢侈，築咸陽宮，因北陵營殿，端門四達，以則紫宮，象帝居。渭水貫都，以象天漢；橫橋南渡，以法牽牛。

這就是從規劃設計上「法天」，把地上的宮殿與天上的星座對應起來，每年十月，天象恰與咸陽城的布局吻合。此時天上的銀河與地上的渭水相重疊，閣道與經由橫橋通達信宮的復道交相輝映，而咸陽宮則與紫微宮相對應，橫橋像鵲橋。秦始皇居住在這裡，猶於置身在一個天地人間一體化的世界，把天上、人間最美好的地方占為己有，滿足了他的物慾，也滿足了他的政治野心。

宋代張子微《玉髓真經》卷九在談到秦都咸陽時說：

長安之龍，起於橫山，其山皆是黃石，綿亙八百餘里。及至雍州之地，涇水出安定，在雍州之西，自西而南入渭水，而北是為渭汭（彎曲之處）。渭水出鳥鼠同穴，而鳥鼠為雍州之西山，至涇水所屬之地，則為北山。惟此依山狹水，號為天府之國。

這是從山水形勢結合風水理論來分析咸陽的環境特點，稱為天府之國。這裡講的「長安之龍」，就是長安所在地的龍脈，龍脈是指隨山脈而行的生氣，長安的生氣從橫山來，綿亙八百餘里。

從環境角度看，咸陽城形勢很好，北依高原，南臨渭水，是關中東西大道的分界線，控制關中平原的樞紐。渭水流入黃河，水上交通方便。關中平原是農業基地，物產豐富，給養充足。作為國都，環境條件相當不錯。至於渭水會在平原上擺動，造成兩岸被侵蝕，咸陽城有水患的缺點，當時的規劃設計者恐怕考慮不到，或者即使考慮到了，也為了符合天人合一的大原則，暫時把渭河有侵蝕兩岸的缺點放到了一邊。這是當時規劃設計者重觀念、輕環境而留下的後遺症。時至今日，兩千多年過去了，渭河北移了約四公里，把秦咸陽城南部約四公里的城區沖掉了。

在咸陽城選址中，當時考慮的環境因素有：

(1)山，咸陽城北面背靠黃土高原，可以阻擋北面的寒風；

(2)水，咸陽城南、北夾渭水，既有銀河之象，又有交通、農田水利、軍事等方面的優勢；

(3)土，關中平原，土壤肥沃，是發展農業的基礎；

(4)氣候，咸陽城地處我國暖溫帶大陸性季風氣候，冬天比較冷，夏天氣溫較高，適於水稻、棉花、花生等農作物生長，年降水在五百～七百毫米之間，是歷代主要農業區；

(5)生物，有了關中平原肥沃的土壤，有了渭河的水利，有適於發展農業的氣候，只要統治者的政策稍微對民眾寬鬆一點，咸陽城周圍的農業、林業、牧業、副業就會蓬勃發展，使物產豐富，國強民富。

2. 漢都長安城

西漢定都長安，曾有過一番爭論。婁敬勸漢高祖劉邦都關中，劉邦舉棋不定。不少山東籍的大臣力勸劉邦定都洛陽，理由是洛陽東有成皋關，西有崤山，背河（黃河），向伊（水）、洛（水），地形上險要易守。

婁敬對此予以反駁，說洛陽固然有這些優點，但面積不大，不過數百里，一旦四面受敵，非用武之地。而關中左崤函，右隴蜀，沃野千里，南有巴蜀之饒，北有胡苑之利，阻三面而守，獨以一面東制諸侯。諸侯安定，河漕挽天下，西給京師。諸侯有變，順流而下，足以委輸。這真是千里金城，天府之國。兩人打架，要想取勝，必須掐住咽喉，從後背打他。今陛下入關而都，就是掐住了天下的咽喉，控制了後方。聽了婁敬的這番話，加上張良的支持，劉邦才下決心定都關中。

當時秦朝國都咸陽的大部分宮殿城垣因戰亂已成廢墟，劉邦無意清理咸陽廢墟，暫居櫟陽，選擇渭水南岸的龍首原建立新都城。

龍首原在渭水南岸，是灃河與滻、灞河之間的分水嶺，地勢高敞。龍首原以北，地勢漸次向渭河南岸下降，平坦開闊。劉邦以秦始皇的離宮興樂宮為基礎，於高祖七年（前二〇〇）修長安宮城。長安，原為咸陽附近一個鄉聚名，劉邦以此為首都名，取「長治久安」之義。秦興樂宮經過修繕，改名「長樂宮」，是漢初政治中心。不久，在蕭何的主持下，營建了「未央宮」，巨大的宮殿建築群占據了龍首原北麓的高地，漢都城長安城已粗具規模❹。

從環境角度看，漢長安城近渭水南岸，地勢較低，水含鹽分高。從軍事上看也不利。雖然從大環境上看正如婁敬所說是有利的，大環境跟咸陽城一樣。但具體到長安城的小環境，就不如咸陽城好。

3. 隋都大興城

由於漢代長安城在環境選擇上存在一定的缺陷，所以到隋文帝定都長安時，不是簡單地繼續把漢長安城作為都城，而是棄舊圖新，在龍首原南麓興建大興城，具體規劃設計由宇文愷負責。

他利用龍首原南麓大興地區六條岡阜的地形特點，結合風水與易學理論進行設計。他把六條岡阜看做是乾卦的六爻，最高（地形上）的一條九二置宮闕，是皇帝居住的地方；稍低（地形上）的第二條九三立百司，為中央各部門辦公之地；九五這一條雖然在地形上比九三低，但在乾卦中九五位貴，不是凡人居住之地，所以在此地蓋廟宇，修玄都觀、興善寺等，讓神仙菩薩去住。這種設計，使統治機構處於全城制高點上，宮室、百官衙署都占據高地，顯示出統治者高高在上，主宰天下，傳之萬世的思想和氣派。從安全上說是可靠的，處於監視下層百姓的位置。

從環境角度來看，這裡的自然環境比漢長安城好得多：

(1)漢長安城位於龍首原北麓，位於山的陰面，背陽光，冬季比較冷；而大興城位於龍首原南麓，位於山的陽面，向陽，陽光充足，冬季溫暖。

(2)漢長安城地勢較低，潮濕，易生疾病，不利於人們居住；而大興城地勢高，乾燥，不易生病，很適合人們居住。

(3)漢長安城近渭水南岸，地勢低，水含鹽分高，水質不好，無論是人畜飲用還是灌溉，都有缺陷。而大興城北面離渭水較遠，東有灞水、滻水，水質好，為甜水，不論人畜飲用還是農業灌溉都優於渭水。

由於大興城環境條件好，故唐朝也定都長安城（大興城改名為長安城）。

4. 東漢都洛陽城

洛陽城從誕生至今，至少有三千六百多年的歷史了。這在中國六大古都中是首屈一指的❺。東漢光武帝選擇洛陽作都城的理由是：

(1) 與周朝選洛陽建王城的理由一樣，認為洛陽是天下之中，地處中原，距四方的道裡大致相等，便於控制全國。

(2) 洛陽附近有伊、洛、瀍、澗諸水，自古水利方便，農業發達，給養充足。

(3) 洛陽地區西有崤山、函谷關，東有成皋關，南有嵩山，北依黃河，為戰略要地，軍事上防守比較容易，比較安全。

缺點正如婁敬說的，面積太小，不過數百里，一旦四面受敵，非用武之地。

東漢洛陽城的規劃設計是按易學理論安排的，全城呈南北長方形，南臨洛水，北抵邙山，東西六里，南北九里，又叫九六城。為什麼要選九、六這兩個數字呢？在《易經・繫辭》中，九代表天，六代表地，九六城就是一個小天地。九又代表皇帝，六代表皇后，因此，九六城意味著皇宮。

城內有二十四條大街，街兩旁種植栗、漆、梓、桐等各種行道樹，還有排水渠道。「外則因原野以作苑，填流泉而沼。發萍藻以潛魚，半圃草以毓獸。」（班固：《兩都賦》）「永安離宮，修竹冬青。陰池幽流，玄泉冽清。鵯鶋秋棲，鶻鵃春鳴。雎鳩麗黃，關關嚶嚶。」（張衡：《二京賦》）

由此可見，當時很注重城市的環境美化，植樹綠化，開鑿河渠湖沼，引來百鳥棲鳴，到處養魚餵獸，營造了一個十分優美的自然環境，供統治者享樂。如果拿今天的城市環境與東漢洛陽的城市環境相比，那真是天壤之別。

人類進步了，社會前進了，難道必然要造成環境污染，環境變壞嗎？這就要看人類以什麼樣的態度對待自然環境了。要看城市的管理者們、規劃設計者們和居住者們的環境美化意識是否高，是否濃？環境保護的觀念是否濃？治理環境的水準是否高？可以這麼說，態度好的，環保觀念濃的，治理環境水準高的，自然城市環境就好。反之，城市環境就差。

除了東漢都洛陽外，此前有東周，此後有曹魏、西晉、北魏、隋、武周、後梁、後唐均都洛陽，而西周、西漢、北周、唐、後漢、後周、北宋和金又以洛陽為陪都，故人們稱洛陽為「九朝故都」、「八朝陪都」。其中隋煬帝遷都洛陽的理由是：認為此地為天下之中，天地陰陽和合，內有江河，外有山闕，水陸交通便利，形勢險要，更有利於控制東部局勢。

從環境角度看，洛陽地處黃河中下游南岸，它「左據成皋，右阻澠池，前鄉（向）嵩高，後介大河」（《漢書・翼奉傳》）。洛、伊、澗、瀍四水縱橫流貫，氣候溫和，雨量適中，土地肥沃，物產豐富，軍事上易守難攻，是建都的好地方。隋煬帝在營建東都洛陽的同時，開鑿了永濟渠和通濟渠，形成了南北大運河，更是給洛陽帶來了繁榮。

5. 十朝古都南京市

三國時，東吳大臣張紘曾勸孫權定都秣陵（今南京市），說那裡的地形岡阜連石頭（石頭是地名），秦朝曾有人說過金陵地形適合建都，現在沒有什麼變化，很適宜建都。諸葛亮看過秣陵地形後說：鍾山龍蟠，石頭虎踞，此乃帝王之宅。孫權聽後非常高興，決定建都秣陵，並改秣陵為建業。

孫吳之後，東晉，南朝宋、齊、梁、陳，南唐，明朝初年、太平天國、中華民國都在南京定都，因此，南京有十朝古都之稱。其中明朝朱元璋講了建都南京的理由：「今建業長江天塹，龍盤虎踞，江南形勝之地，真足以立國。」（《明太祖實錄》卷四五）南京之名也始於明朝初年。

從風水的角度看，金陵（即南京）地脈（地脈即龍脈）是從東南溯長江而西，數百里而止，西邊是雞籠、覆舟諸山，又西為石頭城，為白虎，即人們所稱之虎踞。鍾山峙立東方，為青龍，即人們所稱之龍蟠之雄。北面有長江為玄武，南面有案山為朱雀。四獸齊全，守衛金陵。大江環抱，秦淮河、玄武湖左右映帶，諸山合沓內向，若委玉帛而朝，符合紫微垣局，也就是符合天人合一的理論，故適合於此建都。

從環境角度看，南京位於長江下游，北瀕長江，號稱天塹，東依鍾山（紫金山），天然屏障，南控秦淮河，北臨玄武湖。其他小山如聚寶山、覆舟山、雞籠山、清涼山等，分布在江河、湖泊、丘陵、平原之間，地形複雜，山川險固，氣象雄偉。加上物產豐富，水陸交通方便，是建都的好地方。

近幾十年來由於人們不注重環境保護，使得秦淮河嚴重污染，變成了一條黑河、臭河。民間的順口溜說：「五〇年代，淘米洗菜；六〇年代，水質變壞；七〇年代，魚蝦絕代；八〇年代，不洗馬桶蓋。」九〇年代政府投入了一定的財力進行治理，環境有所改善，但還不理想。

6. 幽燕帝都北京城

以北京為都城始於西周燕國，距今已有三千多年的歷史。以後十六國前燕、安祿山的大燕、金、元、明、清都定都北京。遼代北京是陪都。總共有七個朝代或政權在北京建都。現在，北京又是中華人民共和國的首都，是世界著名的歷史文化名城。她在世界上是東方文化的代表，又是風水理論選擇都城地址的典範。

最先用風水理論論述北京作為都城理由的是唐代著名風水師楊益，他說：

> 燕山最高，像天市，蓋北幹之正結。其龍發崑崙之中脈，綿亙數千里……以入中國為燕雲，復東行數百里起天壽山，乃落平洋，方廣千餘里。遼東遼西兩支關攕，黃河前繞，鴨綠後纏，而陰、恆、太行諸山與海中諸島相應，近則灤河、潮河、桑乾河、易水並諸無名小水，夾身數源，界限分明。以地理之法論之，其龍勢之長，垣局之美，幹龍大盡，山水大會，帶黃河，扆（yǐ，背靠）天壽，鴨綠纏其後，碣石鑰其門，最是合風水法度。以形勝論，燕薊內跨中原，外控朔漠，真天

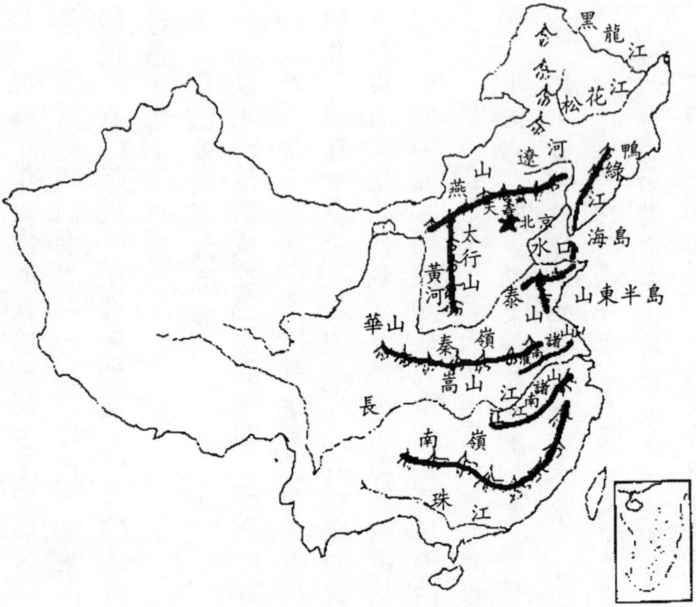

圖 3-7　北京風水示意圖（示意圖 1）

下都會。形勝甲天下，扆山帶海，有金湯之固。（《人子須知》引）

這段話，我們用示意圖一來說明。（圖三—七）燕山指北京北面的山脈，它在北京地區是最高的山，像天市，像天上的天市垣。

古代劃分天區有三垣：北極周圍的天區叫紫微垣；星宿、張宿、翼宿和軫宿以北的天區叫太微垣；房宿、心宿、尾宿、箕宿和斗宿等以北的天區叫天市垣。這是北方幹龍生氣聚結的地方。燕山的龍脈（即隨山脈而行的生氣）發源於崑崙山的中脈，延綿數千里，曲曲折折來到燕雲地區（今山西北部），復東行數百里突起天壽山（今軍都山），龍脈從天壽山下落到平原，方廣千餘里。遼東、遼西兩支山脈形成關卡，成為左青龍砂。左青龍不單是遼東、遼西兩支山脈，還包括海上的島嶼，它與山東半島相對，形成水口。黃河前繞，鴨綠江後纏，而陰山、恆山、太行山組成右白虎砂。前面秦嶺為案山。在華北平原上，還有灤、潮、桑乾、易水等河流。整個風水垣局是背靠燕山、天壽山，面臨黃河，後面還有鴨綠江，碣石是水口，是門戶，形成一個封閉式的地理環境，最合「風水法度」，「有金湯之固」。

南宋朱熹也分析說：

> 冀都是正天地中間，好個大風水。山脈從雲中發來，雲中正高脊處。自脊以西之水則西流入於龍門西河，自脊以東之水則東流入於海。前面黃河環繞，右畔是華山聳立為虎。自華來至中原為嵩山，是為前案。遂過去為泰山，聳於左，是為龍。淮南諸山是第二重案，江南諸山及五嶺又為第三、四重案，正謂此也。（《人子須知》引）

這段話，我們仍借用圖三—七（示意圖一）來說明。冀都（北京）正是天地中間，過去選都城的條件之一是地處天地之中，故朱熹牽強地說冀都正是天地（即全中國）中間，實際不是。

風水很好，山脈從雲中（今山西北部、內蒙古南部交界處）來，雲中和太行山是分水嶺，山脊以西的水流入龍門西河（即黃河），山脊以東的水則東流入海。前面黃河環

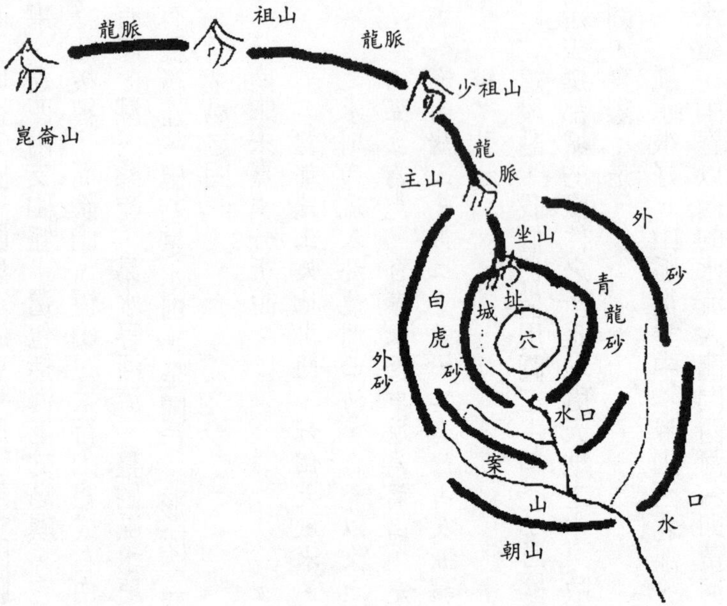

圖 3-8　北京龍脈來源示意圖（示意圖 2）

繞，右邊是太行山、華山為西方虎砂；自華山至嵩山為前案，再往東泰山聳立為東方龍砂。淮南諸山是第二重案山，江南諸山及五嶺又為第三、四重案山。

這裡有必要把風水選址的模式講一下。如圖三—八（示意圖二）所示，龍脈從崑崙山發出，經過祖山、少祖山到主山、坐山，如北京燕山是主山，天壽山是坐山。坐山之下是穴位，即城址或房址或墓穴。坐山東邊是青龍砂，西邊是白虎砂，簡稱龍、虎，龍虎之外，還有一層外砂，也稱羅城。龍虎之間為水口，水口不一定在正南方，有時可以在東方或西方，如北京的水口在遼東半島與山東半島之間。前面較低矮的山為案山，遠而高者為朝山，有時把朝山稱為第一、二、三、四重案山，如朱熹。

明白了風水選址的模式後，對上面楊益、朱熹的論述以及後面諸人的論述就好理解了。

《金史・梁襄傳》對北京形勢的分析是：「燕都地處雄要，北倚山險，南壓區夏，若坐堂隍，俯視庭宇。」

蒙古貴族巴圖魯曾勸元世祖忽必烈定都北京，說幽燕之地，龍蟠虎踞，形勢雄偉，南控江淮，北連朔漠，且天子必居中以受四方朝覲。大王果欲營天下，定都非燕不可（《元史・木華黎傳附巴圖魯傳》）。

郝經也勸忽必烈都燕，說燕東控遼東，西連三晉，背負關嶺，瞰臨河朔，南面以莅天下。公元一二六四年，忽必烈遷都燕京。

明成祖朱棣遷都北京，群臣對北京的形勢也作了一番論證。有的說，北京河山鞏固，水甘土厚，民俗淳樸，物產豐富，誠天府之國，帝王之都也。有的說，北京北枕居庸，西峙太行，東連山海，南俯中原，沃野千里，山川形勝，誠帝王萬世之都（《太宗實錄》）。

《讀史方輿紀要》說北京是「視中原，居高負險，有建瓴之勢」。

清人吳長元《宸垣識略》論述了北京附近的風水，說：

北京青龍水為白河，出密雲，南流至通州城。白虎水為玉河，出玉泉山，經大內，出都城，注通惠河，與白河合。朱雀水為盧溝河，出大同桑乾，入宛平界。玄武水為濕餘，高梁、黃花、鎮川、榆河，俱繞京師之北，而東與白河合。[6]

也有人從北京灣和北京小平原的形勢來看風水，說：

幽燕自昔稱雄，左環滄海，右擁太行，南襟河濟，北枕居庸……燕薊內跨中原，外控朔漠，真天下都會。

京師前挹九河，後拱萬山，正中表宅，水隨龍下，自辛而庚，環注皇城，繞巽而出，天造地設。[7]

明朝大學士李時勉在《北京賦》中也盛贊北京的好風水：

仿成周之卜洛……右挾太行，左據碣石，背迭險兮重關，面平原兮廣澤；宗恆岳其巍巍，鎮醫閭而奕奕，冠九州之形勢，實為天府之國……於是仰瞻析木，俯視地靈，龜筮兆吉，天人協應……識景表營，方位既正，高下既平。群力畢舉，百工並與……其東則潞河通漕，控引江淮。肥如灤淶，灌注縈回……而蠻商番舶；帆檣隱天，上下不絕而往來……其西則崇山鬱翠，高挹泰岱。北接居庸，南首河內。奇峰擁關，龍門阻隘。玉泉垂虹，青煙浮黛。

明朝金幼孜的《皇都大一統賦》，對北京地勢的贊譽是：

北京實當天下之中，陰陽所和，寒暑弗爽。四方貢賦，道里適均。且沃壤千里，水有九河滄溟之雄，山有太行居庸之固……維此北京，太祖所屬。天造地設，靈鍾秀毓。總交匯於陰陽，盡灌輸於海陸。南臨鉅野，東瞰滄溟。西有太行之嵲，北有居庸之崢嶸。瀉玉泉之逶迤，貫金河而回縈。

金幼孜的贊譽，有的符合實際，有的不符合實際。如「北京實當天下之中」，「四方貢賦，道里適均」就很牽強。

上述諸人的論述，基本上對北京的形勢、環境有了比較準確的把握，特別是楊益、朱熹從全國範圍來看北京山川形勢，地理環境，更高人一籌。因為從全國範圍來看，北京山水形勢更符合紫微垣局，更符合天人合一的原則。

從環境角度看，北京地處華北大平原的北端，西、北和東北三面群山拱衛，成為天然屏障，在軍事上對守衛北京有利。境內有永定河、潮白河、玉泉河、高粱河、沙河、溫榆河等河流，還有眾多的小湖泊，這為農業、交通、優美的環境提供了基本的自然條件。南面是大平原，土地肥沃，農業發達，物產豐富，保證了北京市的物資供給。

北京的氣候屬南溫帶亞濕潤季風大陸性氣候，平均年降水量約六百二十六毫米，雨量適中，但不均勻，氣候宜人。由於年內、年際降水分配不均，平水年、枯水年交替出現，夏季雨多，冬春季雨少，形成冬春乾旱，夏有洪澇災害。森林植被覆蓋率高，山色蒼茫，雲氣鬱積，鳥獸遍野，生態平衡，環境優越。所以從古至今，有八朝定都，這不是偶然的，反映了古今人們對北京地區環境優勢的共識。

由於人口、經濟的迅速發展，北京邁向現代化大都市的步伐加快，自然資源的利用迅猛增長，使得北京原有自然環境受到一定程度的破壞，出現了比較嚴重的環境問題，引起了黨和國家主要領導人的高度關注。一九九九年三月十三日中共中央總書記、國家主席江澤民在中央人口、資源、環境工作座談會上說：「北京市一定要抓緊搞好環境保護工作，努力改善首都環境質量。」一九九九年三月五日，國務院總理朱鎔基在《政府工作報告》中說：「首都北京今年把治理大氣污染作為政府的一項突出任務，國務院各有關部門要給予有力支持。」

目前北京市存在的主要環境問題是：

(1)水體污染　北京市地面水污染嚴重，飲用水源受到威脅。由於水資源短缺，城市污水處理水平低，污水管網不健全，致使部分污水直接或間接排入河中。一九九七年監測的七十八條共二千一百五十三公里的河段中，有百分之五十六．四的河段受到不同程度的污染，城市河流下游已無清潔水體。北京城南的涼水河及其支流，常年流的是臭水，人們不敢到河邊乘涼散步，失去了往日的樂園。

(2)市區大氣污染嚴重　據北京市環境保護監測中心一九九七年三月二十七日至一九九八年三月二十六日所作的五十二週空氣週報統計，屬於良好的只有十週，占百分之十九．二；輕度污染的二十四週，占百分之四十六．二；中度污染的十七週，占百分之三十二．七；重度污染的一週，占百分之一．九五。

空氣污染源主要是三個：一是煤煙型污染，二是機動車尾氣污染，三是揚塵污染。

圖 3-9　隱形殺手[8]

一九九八年九月，北京已出現光化學煙霧的先兆，大氣污染程度已接近健康人群所能承受的極限。（見圖三—九）

(3)垃圾污染　北京市生產工業危險廢物二十五萬噸，固體廢棄物一千一百三十多萬噸，綜合利用率百分之六十九．六；一九九七年全市生活垃圾清運量達四百九十三萬噸，大多未經過有效的無害化處理，對河水、地下水造成嚴重威脅。目前，京城的垃圾無害化處理率只有百分之三十八．五，還有百分之六十一．五的垃圾不能進行無害化處理。

(4)地面沉降　由於超量開採地下水，北京市目前城區已形成一個面積一千六百七十七平方公里，最大降深三十一．一公尺的地下水降落漏斗。東郊、北面的東三旗、順義城區以南、大興縣永定河邊的趙村一帶都是地面沉降區，自一九八八年至一九九八年十年來最大沉降量達到三百八十五毫米。

此外，海澱後山永豐屯地區，大興榆垡等地十年間地面沉降量達到二百毫米以上。城市地面沉降造成煤氣和自來水管錯位破裂，建築地基鬆動，水質下降，對人民生活構成了嚴重威脅。

(5)水土流失，風沙危害尚未得到有效控制 部分鄉鎮企業對郊區生態環境造成威脅；有的遠郊城鎮已出現污染增長趨勢。距城區僅七十公里，就有沙漠化的威脅。因此，植樹造林，加強綠化不能鬆懈。

上述這些問題，其他城市也存在，只是程度不同而已。

(二)城鎮、聚落、民居的選址

城鎮、聚落、民居的選址沒有都城選址那麼嚴格，都城選址要求地上的山川形勢與天上的紫微垣局相類似，以體現天人合一的原則。而城鎮、聚落、民居的選址則不要求與紫微垣局相類似，只要與某些天象類似就可以了。

風水家在選擇陽宅地址時，總的原則是要具備封閉式的環境單元。這種環境單元被風水家稱為太極，它跟地理學上的地貌單元相類似。

如《地理知止》曰：「既有天地，天一太極，地亦一太極，所生萬物又各一太極。故地理，太祖一龍之終始，所占之疆域，所收之山水，合成一圈，此一太極也。少祖一龍之終始，所開之城垣，合成一圈，此又一太極也。祖宗一龍之終始，所開之堂局，合成一圈，此又一太極也。父母、主星所開之龍虎，合成一圈，此又一太極也。」這是按地貌單元的大小來劃分太極等級。太祖為一級，少祖為二級，祖宗為三級，父母、主星為四級。在同級太極中，又按地形結構分三層：外太極、中太極和內太極。這點在清人張澐的《地理》中講得很清楚。他說：「物物有太極，於風水言太極尤肖焉。太極有三層，風水有外羅城，為外太極，龍虎砂為中太極，護穴砂為內太極。其穴坪處，為太極中間一點。」

風水家根據太極大小來安排都城、城鎮、鄉聚、民宅。一級太極可建都，二、三級太極可建城鎮鄉聚，四級太極宜建民宅。各級太極有一定的地域面積要求，如帝都要求大局，也就是垣局，垣局必落平原（《地理知止》）。平原面積要求四周在一百里以上，府州要求四周有數十里的平原；郡縣要求四周有十數里至二、三十里的平原；鄉村市井所在地的平原，四周亦不下數里。平原越大，鋪展愈闊，則力量愈大。這個力量指生產力，如資源豐富，人口眾多，經濟發達等因素。各級太極有的風水家稱作大、中、小聚，大聚相當於一級太極，宜建帝都；中聚相當於二、三級太極，宜建城鎮；小聚相當於四級太極，宜建民宅（《俯察本源歌》）。

有的風水書說：「小小縣鎮，依山者甚多，亦須有水可通舟楫，而後可建，不然只是堡寨去處。至於督藩大府，京都畿甸，皆平野曠闊，水為繞纏，不見山峰。蓋不如此則氣象不寬，堂局不展。如頭面窄，規模狹，止可作小小縣鎮，亦不可作大縣也。蓋龍到大盡處，必是被大江大河攔截無去處，方得他住。及到此田地，必皆是平原曠野，非常人之所能收拾。」（《玉髓真經》）。

風水家為什麼要選擇這種封閉式的地理環境作都城聚落呢？其理由是：「山水翕集，四勢團近有情，而真穴必居包裹擁從之中，所謂藏風聚氣者也。」（《人子須知》）。按照風水學說這個總的要求，下面我們來看看古代風水先生選擇城鎮、鄉聚、民宅的幾種方式：

1. 以水爲主的選擇

風水學說認為，山隨水行，水界山住，水隨山轉，山防水去（《堪輿完孝錄》）。風水裡面水占一半，因此風水先生認為，凡入一局之中，未看山，先看水，以水尋龍。水是龍的血脈，兩水之中必有山，故水會即龍盡，水交則龍止，水飛走即生氣散，水融注則生氣聚。水深處民多富，水淺處民多貧。水聚處民多稠，水散處民多離。流來的水要屈曲繞抱，流去的水要盤桓。匯聚的水要悠揚、澄疑。具體要求有八項：

一曰眷，去而回顧；

二曰戀，深聚留戀；

三曰回，回環曲引；

四曰環，繞抱有情；

五曰交，兩水交會；

六曰鎖，彎曲緊密；

七曰織，之玄如織，形成水網；

八曰結，眾水會瀦。（《山洋指迷》）

用風水的觀點選擇城址，以得水為上，故北京萬水朝宗，南京則是長江環繞。三吳甲天下而有太湖；東魯大海外抱；楚有江漢夾會，洞庭融注；江西南昌有鄱陽湖；浙江的紹、寧、杭、臺、嘉、湖；福建的福州、興化（今莆田）、泉州、漳州；廣東的廣州、惠州、潮汕、南海等處，都因得水而人才濟濟（《人子須知》）。

所謂得水，也有好幾種情況：

(1)城鎮、民宅位於兩條江河相匯處。如揚州、梧州、成都、武漢、重慶、桂林等，這是風水先生最欣賞的地址。

(2)城鎮、民宅位於河的一岸或兩岸。如天津、上海、南京、南昌、長沙、西安、太原、杭州、廣州、福州、哈爾濱、蘭州等。還有的城鎮位於河曲中，如閬中、柳州、道縣、壺關等。

(3)城鎮、民宅位於海濱，可闢為港灣。如廣州、泉州、明州（寧波）、大連、青島、連雲港、煙臺、蓬萊、秦皇島、深圳等。

(4)注重水質。風水先生在選址時，往往要親自嘗水。假如某地的水色碧，水味甘，水氣香，那麼這個地方主上貴，也就是最好的地點。假如某地水色白，水味清，水溫暖，那麼此地主中貴。假如某地水色淡，水味辛辣，氣味很濃烈，那麼此地為下貴。假如某地水的氣味酸澀，發餿，那麼此地是劣地無疑（《博山篇》）。

上述四項選址原則，沒有迷信成分，是古代環境知識的具體體現。不論是兩河相匯處還是河流的一岸或兩岸，都是為了利用河流發展交通運輸，或是作為軍事防禦的天然障礙，或是農業上灌溉方便。

海港城市是海上交通發展的必然結果。下面舉兩個實例：

(1)四川閬中城。此城已有二千三百多年的歷史。它所處的位置非常符合風水學說的觀點。它位於四川盆地底部北緣，雄踞嘉陵江中游，柔靜碧綠的江水三面繞城，把古城擠成一個牛舌形。北有蟠龍山（又名傘蓋山）屏護，風水中稱作祖山；南有錦屏山、北塔山拱衛，風水中稱為案山、朝山。加上周圍其他山，把閬中城包裹在一個山間盆地中。東西長六十公里，南北寬四十五公里，水陸交通都很便利，軍事上易守難攻，是歷史上兵家必爭之地。這裡由於山靈鍾秀，經濟發達，文化昌盛，成了一座歷史文化名城。

(2)江蘇蘇州城。這也是歷史文化名城，春秋時代是吳國的都城，相傳為吳王闔閭時伍子胥設計修建。伍子胥曾相土嘗水，象天法地，築大城，周四十里，小城周十里，開陸門八個以象八風，水門八個以象八卦（《吳郡圖經續記》）。城西北有洋山，屹然獨高，為眾山祖，傑立三十里之外。其餘岡阜累累如群馬南馳，皆其支隴。城居隴前，平夷如掌，所謂勢來形止，全氣之地也。如果只從城內看，則城中之地也是西北高，周圍的水從西北、正西或西南來，由正東、東北流去。山水皆用金局，故自古為大郡國，人物繁夥、冠蓋崢嶸，甲於東南（《吳郡志》）。

從環境角度來看，蘇州的環境條件是優越的，它位於長江下游，太湖三角洲的中心，氣候溫和，雨量充沛，農產品極為豐富。著名的大運河在蘇州城西、南流過，其餘河道縱橫，湖泊星羅棋布，水上交通非常便利。城內也是河道縱橫，街道與河道平行，前街後河，是水鄉之中的水城。城址的選擇也是以水為主。隨著工業、人口、農業、鄉鎮企業的發展，對工業和生活污水、垃圾等未加處理，隨意排放，造成水體污染，太湖及附近河道的水均已污染，成為環境污染嚴重地區。太湖裡面已沒有魚類，農田被污染後，寸草不生，更不要說長莊稼了。幾千年來環境十分優美的蘇州地區，由於環保不利，不到四十年，就面目全非，治理環境十分困難了。可見，環境保護不易，破壞環境卻迅猛異常。

2. 以平原為主的選擇

風水先生反對選擇崇山峻嶺中毫無平地的地點，那種地方不僅不可能建都城、市鎮，就是蓋住宅也困難。所以風水先生以平原為選擇對象，選擇山前平原或山間盆地，只有這種地方才能發展生產，物資豐富，交通便利，人才眾多。所謂「十山不及一平洋，江北江南富貴鄉」（《地理一貫集》）指的就是這種情況。

在此基礎上，再看周圍的山勢，一般要求背靠大山，前低後高，四圍山高，中央低平。即使是大平原，也要四周有山圍繞，形成封閉式的境單元。至於住宅選址，山谷與城市不同。山谷住宅以巒頭（山脈形勢）為主，而後論宅法。城市住宅以宅法為主，而後論巒頭（《堪輿雜著》）。

國都、郡府等大、中城市要求局勢寬大，落氣隆厚，非平原不可。水城汪洋，或環抱，或倒合，或朝來繞後。來悠揚，去彎曲，纏護多在隔水，水口常在數十里外，大者在二、三百里外。

風水學說中這條「靠山建城」的原則，在歷史上可以找到實例。如晉代匈奴鐵弗部首領赫連勃勃定都的統萬城（今陝西榆林靖邊縣），就是以「背名山而面洪流」的漢代奢延縣城為基礎改建的❾。西夏首領李德明在延州鐵子山麓（今陝西延川縣境）大起綿亙二十餘里的宮室，於省嵬山西南麓築省嵬城（今寧夏石嘴山市平羅縣境內），又在賀蘭山東側的懷遠鎮建都。李德明的兒子李元昊在天都山（今寧夏海原縣境內）下營建南牟宮殿。古代蘭州城位於盆地內，城南為皋蘭山，城北瀕臨黃河。這些城市和宮殿都遵循了這條原則，決非隨意興建的。

從環境角度看，城鎮所在地必須有一定面積的平原，才能有充足的農副產品供應城裡人生活。平原使交通、物資交流、集市貿易都方便。再背靠大山，面臨大河，在軍事上更為有利，水上交通也更方便。

「背大山，面洪流」的另一層含意是背北面南，背陰面陽。我國東南大都受季風影響，大山的陰陽坡在地理環境上存在著明顯的差異。坡向不同，氣候也不同。南坡暖，北坡涼；南坡濕潤，北坡乾燥。南北坡氣候差異，又造成了植被、土壤、地表徑流的差異。這些差異又影響地貌的差異，陽坡坡面侵蝕作用比陰坡強烈，最後造成山坡不對稱。陰陽坡在自然條件方面的差異，直接影響農業生產和工程建設。如果陰坡地下水徑流條件好，易引發滑坡和泥石流等現象。因此，道路選線要避開陰坡地段，儘可能選在陽坡。房屋建築也應選在陽坡，因為陽坡溫暖，光照強，通風條件好，乾燥不易生病等。

由此可見，風水先生在選擇都城、市鎮、民居地址時，強調「負陰抱陽」或「背陰面陽」是有實踐經驗作基礎的，含有現代科學的價值。

關於小戶人家的住宅，《玉髓真經》認為：「若人家偶在兩高合糟處，其家必貧困；若人家偶在一高頂上，水歸兩旁去處，其家亦必寒窶。山居取平坡。但若在平野，亦要在高處，不取低沉沮洳。」這就是說，山地的民居，要選取平坡地；平原的民居，則要選取高燥之地，不取低窪地或沼澤地。低窪、沼澤地過於潮濕既不利於生產，也不利於人體健康。

3. 以山爲主的選擇

風水家認為：「凡尋龍穴，固宜由祖山、宗山、間星、應星以至少祖山、穴星，逐層查看，方為的確」（《地理指正》）。尋龍先須問祖宗，看它分劈在何峰，或屏或障穿中出，定有奇蹤發貴榮。

具體作法有十條：「一看祖山秀拔；二看龍形（即山脈起伏）變化，三看成形住結（成封閉式的形狀，生氣凝住成結）；四看落頭分明；五看脈歸何處；六看穴內平窩；七看砂（即山）水會合；八看朝對有情；九看生死順逆；十看陰陽緩急。」透過這十看，達到龍、穴、砂、水四美具備（《地理正宗》）。四美具備，才是封閉式的環境單元。正如《丹經口訣》講的：「陽宅須教擇地形，背山面水稱人心，山有來龍昂秀發，水須圍抱作環形。明堂寬大斯為福，水口收藏積萬金。關、煞（關是玄關，即房屋口的朝向。風水以坐山犯三煞為大忌，三煞可向不可坐）二方無障礙，光明正大旺門庭」（《陽宅集成》）。

類似這樣的地理環境，在一些宗譜中常有記載。如福建《蓬島郭氏宗譜》說：「蓬島者，四面皆嶺，引基其上，福坪居中，勢若太極之圈，形如蓮花之心。雙髻後插，鍾崑前峙。」

這種封閉式的地理環境，不僅有利於保存祖先的文化傳統，道德倫理，風俗習慣，使中國兩三千年的傳統文化得以不斷發展，而且可以阻擋寒流，使環境單元內的氣溫穩定，這對生產、生活都是有利的。我國橡膠林能向北緯二十四度發展，就是這種封閉式的地理環境起了作用。但另一方面，這種封閉式的地理環境又使中國人，尤其是中國農民，養成了比較固執的保守性格，對新鮮事物不敏感，缺乏冒險探索精神等，也是不容忽視的。這與外部世界交往不夠有關。

在以山為主的選擇中，在選擇封閉式地理環境的同時，也可以依據各種不同的需要，選擇山地的某個部位。如陝西佳縣，因軍事需要，選山頂建城。城址位於黃河及葭蘆河的交匯處，三面臨水，一山聳峙，縣城踞於山巔，城牆依隨山勢，砢磊而築，順山蜿蜒，形險而峻。瀕臨黃河的一面，陡崖百餘尺直下河灘。由於地勢險固，易守難攻，歷史上從來沒有被敵方攻破過。抗日戰爭時期，日本侵略軍也只是隔岸炮擊而已，未能渡河入城。

何曉昕、羅雋在《風水史》中對貴陽的地址選擇作過評述，認為貴陽地處雲貴高原東斜坡上，位於貴州省的東部，為一典型的山城。明朝隆慶三年（一五六九）始名貴陽，原因是「貴州本以貴山得名，山在城北二里，而郡治建於其南，故曰貴陽」（《貴州通志》）。貴陽的地勢為群山環抱，具有「五虎三獅一鳳凰」（五虎、三獅、鳳凰，都是根據山的形象取名為虎山、獅山、鳳凰山）之美稱。其龍脈由北而南，正與山脈的走向一致。而以鳳凰山為祖山（較遠的山），到茶店（地名）起個興頂（凸起一個山頂），便為少祖山（離貴陽近的山），乃「貴山」，至貴山又分支，朝向貴陽的這一支即是正支，經歷巫峰、相室、東山等。貴陽的地形符合風水原理。清代陳詵（字清恪）在《貴陽省城移向說》中談到貴陽的風水特徵，說：

貴陽之龍始於瀘水發源之西，由蕃入蜀，莫得而考矣。自威寧至安順盤江界，而西南烏江界，而東北則山之所自來也。迨定番分枝，南明河之水出於天生橋，橋南為幹龍，則楚、粤、閩、越之所自出也；其北為枝龍，貴陽之省城在焉。而就省城言之，則北反為幹，南反為枝矣。省幹之龍至茅草寨北行，歷清鎮至木角箐，起真武山。乾亥行龍至老鴉關，為大宅吉、小宅吉；過東行沙坡，東煙過峽起高峰，入省城。東山障其南，照壁障其北，雖曰「卯（東方）龍」，實艮氣（東北方之氣）入省，《天玉經》所謂艮庚丁是也。城南之山從青崖大龍分枝，自南趨北，花仡佬之水導之，奔騰踴躍，會於城南。城內之水從沙木龍潭入北門，出次南門，合頭橋、阿江橋之水，抱城東至牛渡河轉北，為省城一大垣局。省龍之山，始於西南，趨於東北，結為坎龍，左旋申子辰也。省城之水，發於東北龍井之水，出自亥方（西北方），由貫珠橋過西，左旋亥卯未也。申子辰為壬，亥卯未為癸，一陰一陽，山水配合。（載吳振棫《黔語》卷上「祖孫撫黔」附錄）

4. 以藏風、聚氣為主的選擇

風水有一套美的格局，稱為美格（《都天寶照經》）。美格最起碼的要求是氣蓄，氣蓄又要山水環抱，形成封閉式的環境。封閉要求嚴密，在視覺上不出現缺口，這樣就需要山水多次環抱，形成層次。外層為外羅城，中層為龍虎砂，內層為護穴砂。

風水學說中這種美的格局，被中國古代建築家吸收，應用到古建築中。因此，中國古代建築的基本形式是由三面或四面的建築物圍成庭院，用牆及迴廊連接形成封閉的空間，既有隔聲、擋風及遮陽作用，又可在院內栽植花草樹木，安設山石盆景，造成寧靜的居住環境。這種格式一層套一層，風水稱為大聚、小聚。最大的國都要求山水大聚；其次是城鎮，要求山水中聚；民宅最小，也要求山水小聚。庭院建築是仿照小聚的格式設計的。

風水中風也占了一半。風水選址要求藏風或避風，上下兩旁，必須有護穴砂。水流去的一邊風吹不得，水流來的一邊也吹不得（《地理》）。風水寶地為什麼要避風呢？風水家認為：「外山環抱者，風無所入，而內氣聚。外山虧疏者，風有所入而內氣散。氣聚者暖，氣散者冷」（《堪輿泄秘》）。正因為避風是為了使一個地方的小氣候溫暖不冷，因此，風水不是要避開所有的風，而是只避寒冷的風，不避溫暖的風。這點《地學指正》講得很清楚：「平陽（即平原地區）原不畏風，然有陰陽之別。向東、向南所受者溫風、暖風，謂之陽風，則無妨。向西、向北，所受者涼風、寒風，謂之陰風，宜有近案（即近山）遮攔，否則風吹骨寒，主家道衰敗丁稀。」

從中國氣候環境特點來看，證明《地學指正》的觀點是有道理的。中國的季風氣候有三大特點：

(1)冬、夏控制我國天氣的氣團和基本氣流截然不同。冬季我國大陸主要為極地大陸氣團或變性極地大陸氣團控制，在東經八十度至九十度高空為一高壓脊，而沿海高空為一大槽，槽後的冷空氣不斷南下又加強了地面的冷高壓——蒙古高壓，氣流向外發散，使得我國冬季對流層低層盛行西北、北和東北季風。夏季我國大陸大部分地區為熱帶、副熱帶海洋氣團和熱帶大陸氣團所控制，高空在東經七十度至八十度處為一低壓槽，而沿海為一淺脊，地面氣壓系統表現出歐亞大陸均為印度熱低壓所盤踞，與海洋上的高壓相配合，使得我國夏季對流層低層盛行西南、南和東南季風。

(2)主要雨帶的位置與夏季風的進退緊密相關。

(3)雨熱同季。❿

概括地說，中國的主導風向一個是偏北風，寒冷乾燥，風力大，凜冽刺骨，主殺傷筋。長年被北風吹擊，人會生病，自然「主家道衰敗丁稀」了。一個是偏南風，溫暖濕潤，有利生物生長，有利人體健康，不用遮擋。

就一個具體地點來說，從方位上考慮，有的方位要避風，有的方位可以不避風。如「陽山坐乾位（西北方三百一十五度）、子（正北方三百六十度）上有風反不畏。又有坐申（二百四十度）作寅（六十度）向，或是坐寅向申位，子上風來是吉方，只要穴中相迴避」（《玉髓真經》卷九）。如果坐坤（二百二十五度）、申（二百四十度）、乙（一百零五度）、辰（一百二十度）、壬（三百四十五度）、子這六個方位，就不怕申向的風。這些論述都是對的，因為都不是對面直吹的風，故不用迴避。若是對面直吹，自然不吉，須迴避。

由於風與氣溫有密切的關係，所以，風水家在選擇環境時一般都要避風，前後左右都要有山阻擋風吹，方為吉地。山彎中的旋風，平陽的暗風，山壑口的凹風，兩山之間空處吹來的洞風，都是風水上要迴避的。風水先生把平原上由東、南方向吹來的溫暖風叫做陽風，不用迴避。而把由西、北方向吹來的涼風或寒風叫做陰風，需要有山阻擋，否則不吉。

㈢宗教勝地的選址

宗教勝地選址與民居有區別，它要根據宗教的要求來決定選擇什麼地址。宗教勝地選址，總的來說是在宗教教義指導下，按風水理論辦事，但不同的宗教又有不同的要求。

1. 道教宮觀的選址

道教宮觀選址，遵循《道德經》提倡的崇尚自然、順應自然、返璞歸真的基本思想，運用風水理論來選擇宮觀地址。道教宮觀是道教徒祭神禮拜的場所，也是道士們修身隱居之處，為了便於修身養性，宮觀大多建於幽靜秀麗的山林之中。宮觀建築多採取按天然地形順其自然來布局，或依山就勢，或見水築橋，或因高建殿，或就洞修宮，布局靈活，就地取材。

如號稱「天下幽」的青城山，號稱「神仙窟宅」的嶗山，以及華山、武當山、四川灌縣二郎廟等就是因山就勢而建，既保存了自然山林的宏偉秀麗，又突出了道教宮觀的幽靜神聖；既給人以地設天成之感，又不乏巧奪天工之作。

道教認為，高山的頂峰高聳入雲，與天庭只有咫尺之差，他們將此視為天地交匯處，神仙真人往往在那裡出沒。因此，這種地方最容易見到神仙，自然也有成仙的機遇。《釋名・釋長幼》認為，山林是最好的成仙之所。山林更接近仙界，它能「仰吸天氣，俯飲地泉」，以致許多著名的道教宮觀，都處於山林深處，而處於白雲深處的高山，則成為道教徒修行的理想場地。然而，道觀選址在滿足了它本身要求接近仙界的條件之後，仍然重視其環境形勢的風水特色。

在我國，不少宮觀被修在山巔，如武當山的金頂，千山的「觀頂」玉皇閣，以及岱頂（泰山頂）的碧霞祠與玉皇觀等。

道教還認為，著名的山洞乃神仙真人修身養性、燒煉金丹的洞天福地。這些地方不僅風景秀美，而且清靜幽深，既可以遠離塵世的喧囂，還可以及時受到神靈的啟示，說不定何時即能躋身仙班。因此，借洞築觀，以洞名觀，或在洞旁建觀，則是常有的事。如齊雲山利用天然洞窟，將太素宮、玉虛宮等建在洞穴之中，成為我國道教建築中借洞築觀的典型。青城山天師洞前面建有古常道觀；浙江楠溪江的陶公洞內建有文昌閣、廣福靈真宮和胡公殿。

即使建造在城鎮中的道教宮觀，為了能夠接近自然，體現自然，也要千方百計地栽種樹木、廣植花草，或儘可能地修建花園、假山，把環境裝修得接近大自然。如北京的白雲觀，成都的青羊宮，蘇州的玄妙觀等，不愧為鬧市中的洞天⓫。

在山巔的道教宮觀也要選擇封閉式的地理環境，四個方向上要有四靈獸。如安徽齊雲山太素宮左有鐘峰，右有鼓峰，背倚翠峰，前視香爐峰。江西龍虎觀左為龍山，右為虎山，前有朱雀山，後有玄武山。《穹窿山志》卷四「形勝」中有一段文字對三矛殿的風水描述是：

大峰剛直，二峰峻急，開帳出峽，頓斷再起，星峰體秀身圓，土石和美者是三矛峰，右臂石骨東行轉身作白虎案是名，崗上真觀三楹，舊基在三峰之下，壓於當胸之白虎，向為庚申，堂局傾瀉，香火幾絕。於是施師苦行：就峰前高處立基，而以堯山最高峰為對眉之研，明堂開曠，白虎伏降……左臂就本山勢迴拱如抱，故以山口入者不見殿場，從殿場出者不見水口……前以堯峰、皋峰、九龍諸山為列屏，而上方一山固捍門鎖鑰也……而香山胥口，則巽水從入之路也。

這是講原來舊基上的三楹觀地址不好，「堂局傾瀉」，故「香火幾絕」。後經改造，「明堂開曠」，而周圍的山包圍得很好，形成了封閉式的地理環境。

雲南巍山彝族回族自治縣城南約十一公里的巍寶山，是中國西南道教聖地之一。據《巍寶山志》記載：「巍寶山地處巍山盆地之南，一山從盆壩中突然升起，南枕太極頂，北與大理點蒼山相望，東有五道河由東南向西北順山腳流入壩區，西有陽瓜江由西北向東南順巍寶山西部河谷環繞出境。」再往小處環境看：「巍寶山由後山主峰和前山組成，主峰聳峙……前山山勢平緩，由下至上緩緩升起，和主峰緊緊相連……山勢由東北向西南走向，是雲南麗江、劍川之西的老君山向西南逶迤的支脈。」⑫分布在山中的幾十個道觀，其選址多數符合風水模式，通常是後有靠山，左右有龍虎山護衛，前方較為開闊，或有流水環帶。⑬

2. 佛教寺廟的選址

佛教寺廟選址深受風水思想影響，也遵循風水理論進行。佛教與道教不同，其寺廟很少建在山頂上，因為「氣之所聚非頂也」（《明州阿育王山志》）。由於佛教需要一個安靜的修道環境，所以，追求封閉式的環境單元，盡量減少外界的干擾。除了選擇封閉式的環境外，在寺院外面還要有護法山，或有竹木高牆，進一步達到保護寺院，排除干擾的目的。佛教寺廟選址的總模式仍然是「四靈獸」式，要求「環若列屏，林泉清碧」，「宅幽而勢阻，地廊而形藏」的優美而安靜的環境。

在劉沛林的《風水——中國人的環境觀》中，把佛教寺廟選址歸納為兩種類型：一是偏重「發脈」；二是注重形局。

由於多數佛教寺廟都建立在環境幽靜的名山上，故有「天下名山僧占多」的說法。名山在風水觀念中常有好的來脈。比如浙江慈溪的保國寺所在的古靈山，就是一個難得的「結脈處」：「推其發脈之祖，乃從四明大蘭而下，至陸家埠過江百餘里凸而為石柱山，為慈邑之祖山，轉南折東崔嵬而特立者，貿山之頂也，頂之下復起三臺，若隱若伏，越數百丈為寺基。」（《慈溪保國寺志》卷一「形勝」）

興福寺所在的虞山，也是個「靈氣所鍾」之地。虞山「為海隅之鎮發脈，自北而西迤邐南邁，其首則邑治在焉，其中支最為深秀，以山形磅礴，環抱靈氣所鍾也。舊有寺曰破山，今稱興福」。（《虞山興福寺》卷一「李杰重建空心亭記」）

浙江天臺山大智寺的地址特點是：「溪山排闥，一峰孤秀」，「面勢寬廣，遠山矗立，絕喧塵，離潰鬧」（《天臺山方外志》）。當然是非常吉利的地方。

南宋詩人陸游對廬山東林寺的風水特點作了評論，認為東林寺「正對香爐峰。峰分一支東行，自北而西，環合四抱，有如城郭，東林在其中，相地者謂之倒掛龍格。」（陸游：《入蜀記》卷四）

在《徐霞客遊記》中，曾談到雲南霑益（今曲靖市）護國舊寺和朝陽庵兩地的風水優劣：

> 翠峰山自絕頂垂兩支，如環臂東下：北支長，則繚繞而前，為新橋西岡之脈；南支短，即所躡以上者。兩臂之內，又中懸一支，當塢若臺之峙，則朝陽庵踞其上，庵東北向；其南腋又與南臂環阿成峽，自峰頂逼削而下，則護國舊寺倚其間……舊寺兩崖臂夾而陰森，其病在旁無餘地；朝陽孤臺中綴而軒朗，所短在前少回環。

徐霞客指出了護國舊寺和朝陽庵各自的缺點：護國舊寺，「旁無餘地」，不開闊；朝陽庵則「前少回環」，沒有形成聚氣的封閉環境。到金龍庵之後，他又對照護國舊寺和朝陽庵，指出金龍庵比它們都好，「前臨危箐、後倚峭峰，有護國之幽而無其逼，有朝陽之塏而無其孤，為此中正地。」到雲南永平寶臺大寺時，徐霞客又一次指出寶臺大寺在選址上的缺點，認為：

> 其脈自東北圓穹之頂，層跌而下，狀若連珠，而殿緊倚之。第其前橫深峽，既不開洋，而殿址已崇。西支下伏，右乏護砂，水復從泄。覺地雖幽閟而實鮮關鎖，此其所以未盡善者。或謂病在前山崇逼，余謂不然。山外大江雖來繞，而無此障之則曠，山內深峽雖近環，而無此夾之則泄。雖前壓如面牆，而宇內大剎，如少林之面少室，靈岩之面岱宗，皆突兀當前，而開拓彌遠；此吾所謂病不在前之太逼而在右之少疏也。[11]

徐霞客的評述說明這裡的環境沒有形成完全封閉的模式，右乏護砂圍繞。這就說明，佛教寺廟選址也不能離開風水理論。

三、風水對生態環境優劣的識別

風水對生態環境優劣的識別包括六個方面：

(一)對水環境優劣的識別

1. 對地表水優劣的識別

地表水與龍脈(即山脈)息息相關,因此,風水先生看地時常常是未看山先看水。「龍(指山脈)無水送,則無以明其來。穴(指城鎮、村落、民宅、墓葬所在的地點)非水界,則無以明其止。有山無水休尋地,尋龍點穴須仔細,先須觀水勢」(《地學簡明》卷十六)。

風水學說依據山脈來論述中國的地表水系,一般從水系源頭講起。如黃河水系,「自崑崙而東北言之,則自積石而北為湟水、星海、青海以至浩門皆河源也。」至山西北部「河折而南,汾、晉諸水之所以西入河,涿、易、滱、漳、恆、衛之所以東入海。」又講了黃河的各支流,如渭、涇、漆、沮、伊、洛等。闡述的水系關係是清楚的。此外還論述了長江及其支流,淮河、鴨綠江等。又論述了潮水、沼澤水、湖水、溝、洫、池、塘、瀑布、泥漿水、臭穢水等。

論水的目的,一是為了尋龍,二是通過辨別水質優劣來辨別穴的吉凶。在風水家眼裡,有潮水、天池水、湖水、溝洫、池塘的地方都是好地(環境好)的體現,而有沼澤、臭穢水、泥漿水的地方不吉利(環境不好)。從水質條件看,上述三種水對人體健康不利。風水先生說有這三種水的地方不吉利,含有科學道理。

宋劉謙著的《囊金》談到水城時說：

大抵山性靜，水性動，靜為陰，動為陽。凡有山必有水，有水必有山。朝（住宅面對的水）不欲沖，去不欲直，橫不欲反。朝者曲折而來，去者盤桓而去，橫者抱穴如弓，皆貴灣灣三折。逆水之地力重，更得之玄緩緩而來，尤為奇特。順水之龍力輕，而復直反而去，焉可輕下。水之凶者如箭射，如繩索，如人帶劍，如雞露爪，或作川字流，八字分，橫割斜界，有聲如雷，不可不謹。

2. 對地下水優劣的識別

風水學說認為，地下水和地表一樣，也有好壞吉凶的區別。如：

嘉泉，「陰穴近之，乃龍氣之旺，大富貴地方有此應」（《人子須知》卷八）。

不好的地下水有冷漿水（又名泥水泉），「陰穴近此最凶」。

湯泉即溫泉，「凡是湯泉莫尋地。」

礦泉（又叫紅泉），「龍脈氣鍾於礦，他時礦利發泄，必致掘鑿傷毀。」又因「礦泉浸棺，最易朽骨故也。」

銅泉（又名膽泉），「龍脈旺氣皆鍾於泉，不能結地，不必求穴。」

湧泉，「泉自地中湧出，起泡噴沸，或石岩湧出，乍起乍沒如潮水起白泡者，不可求穴。」

濺泉，「出竅如射，冷冽殊常，乃陰極肅殺之氣，不可求穴。」

沒泉，「水從下漏者也，下有虛竅，潛通他所，水溜其下，如沒池中，不見其去。此乃虛陷之地，氣不融結，不必求穴。」

黃泉，「水落黃泉，春雨乍起則其水驟漲而起，雨才止，而水即浸入地中，四時乾竭，乃浮沙之地，龍氣虛耗，不結陰地。」

漏泉，「點滴滲漏，乃龍氣之弱者，不可求穴。」

冷泉，「清流冷冽，乃受極陰之氣，決不能融結造化也。」

龍湫泉，「為鬼魅之都，不可求穴。」

風水家對上述諸泉水文動態的論述很有道理，是我國古代水文知識的體現，風水家對地下水能作出如此精到的論述，說明風水家對地下水的觀察和考察是仔細的，這些來自實地考察的水文知識為風水術增添了科學內涵，這樣，風水家對地下水優劣的識別已不是妄言，而是具有一定的科學價值。

3. 對水質優劣的識別

風水先生由辨別水質來確定地的好壞吉凶（即環境優劣），他們認為：

> 水味以甘甜為上，辛鹼次之，酸苦最下。水本無味，因土而變味。氣以變土，土以變味。地有氣而後水有味，故鹽池皆龍氣所鍾。其餘州郡之大者，城內必多鹼水。鄉村有鹼水者必多富貴，此亦可以卜地氣矣。（《地理或問敘》）

有的風水家認為，水色碧，水味甘，水氣香，主上貴；水色白，水味清，水氣溫，主中貴；水色淡，水味辛，水氣烈，主下貴。若水酸澀，發餿，不足論（《博山篇》）。

為了辨別水味，風水先生還規定了一種嘗水味的方法，說：「夜半子時，先以別水淨口，初飲香，再飲甜者必有大地（環境大大地好）；初飲甜，再飲淡，大地恐人葬了。含唇似辣，主出武貴；閉口似苦，豈有賢豪？吐出酸、鹼及澀，定為神廟；若有腥氣在牙，是為鐵礦銅山。」（《地理大全》卷二十九）。

風水先生對地下水的水質特別注意，並且把水質與人類的生產、生活聯繫在一起考慮，這對維護人類健康、預防疾病有很高的科學價值。如

嘉泉，「其味甘，其色瑩，其氣香，四時瑩徹。陽宅有此嘉泉，居民飲之富貴長壽，一方多慶。」（《人子須知》）。

冷漿水，「其味淡，其色渾，其氣腥，不可灌溉，不堪盥頮，不宜炊飲。陽宅飲之，非但此方無有富貴，仍主瘟疫，久而絕滅。」

醴泉，「味甘如醴，飲之令人壽。」

礦泉，「其山泉流紅色黏滯。」

銅泉，「其水可浸鐵為銅者也。以其顏色類膽汁，又名膽泉。」

這些說法含有科學道理。由於水中所含礦物質、雜質及化合物不同，會有各種水色和水味。如水中含有大量有機物時，水是甜的；含有礬鹽時，水是酸的；含有硫酸鎂及

硫酸鈉時，水是苦的；含有氯化鈉時，水是鹼的；含有鐵鹽時，水是澀的；含有高量錳時，水也是澀的；含有藍、綠藻原生動物時，水是腥的。因此，風水學說講的「水味以甘甜為上，辛鹼次之，酸苦最下」是正確的，是人類長期生活經驗的結晶，長期選擇生存環境的結果。

㈡對土壤環境優劣的識別

風水學說注重土壤環境，主要是從氣脈上考慮。他們認為，土的顏色不同，氣脈也不一樣。氣脈好則有利於保存尸體；氣脈差，則尸體易腐朽。這個觀點從郭璞《葬經》就提出來了。他說：

「夫土欲細而堅，潤而不澤，裁肪切玉，備具五色。」為什麼要求穴中有五色土呢？這是因為「五氣行乎地中，金氣凝則白，木氣凝則青，火赤土黃皆吉，唯土黑則凶。五行以黃為正色，故亦以純色為吉。又紅黃相兼、鮮明者尤美，間白亦佳。青則不宜多見，以近於黑色也。穴中生氣聚結，孕育奇秀而五色者，則無不吉。言五色者，特舉其大綱耳。土山石穴，亦有如金如玉者，或如象牙、龍腦、珊瑚、琥珀、瑪瑙、朱砂、紫粉、石膏、水晶、雲母、禹餘糧、石中黃、紫石英之類而具五色者，即為得生氣矣。」（《地理大全》卷二）

假如土乾如聚粟，土濕如腐肉，都是凶穴，葬之不吉。五色土當中，以紅土、黃土最好，紫土、白土次之，而黑土不吉。四色齊備，這叫檳榔土，鮮紅色的叫硃砂土，具上吉。又要紋理緊密，顏色鮮明的為貴。體質頑硬，砂塊鬆散的為劣。為什麼五色土之中以四色為佳，而以黑土為不吉呢？這是因為紅、黃、白、青四土有機質少，對保存尸骨有利。而黑土有機質多，保存尸體不利，故以黑土為凶。

從歷史上來看，我國墓葬中填五色土的歷史很久，鄭州市白家莊商代墓葬屬於商代中期，墓室填五花土，墓底平鋪朱紅土厚約一厘米[15]。西周早期的甘肅慶陽韓家灘廟嘴墓，墓內填五花土[16]。陝西岐山賀家村西周初至成康時的墓葬三座，都填五花土[17]。西周晚期灃西大原村墓室也填五花土[18]。春秋戰國時期墓內填五花土的現象比較普遍，秦漢仍然有，至魏晉時期消失。高峰時期是西周至西漢，反映了這個時期的墓葬風俗。

風水先生只從保存尸骨的角度考慮，沒有從農業生產上考慮。如果從農業生產上考慮，則是黑土最好，黃土、紫土次之，紅土又次之，白土最差。因為白土含鹽多，為鹽漬土，長不了莊稼。

近湖近海處，常被水淹，這些地方的宅基要築高臺。平原地方，有的宅基太低，須用土墊起圓盤。在修築高臺和圓盤時，要把地面草根鏟除，掘盡穢土，使新土與舊土連成一片。墊築高臺和圓盤的土要選擇白墡土，不用紅赤鬆散土、青黎土、塘泥、砂石雜土、水稻田中的烏土、雞眼土、馬肝土、青羔土、豬肝土、灰雜土、死黃土、肉紅土、乾尷土、烏沙土、枯焦土、稀軟泥等（《堪輿泄秘》）。

風水先生在選擇土壤時，有兩種檢驗土壤的方法。一種是掘地一尺二寸成圓圈形，將土粉碎，用羅篩篩過，復還原圈持平，不要按壓。第二天早晨來看，如果填土下陷成凹形則凶；如果填土隆起則吉。另一種是用寶斗量土平口，稱土的重量，由土壤的輕重得知土的厚薄，十斤最好，七斤為下。如果是住宅，一般用九斤的土。或取土四方一寸，稱其重量，重三兩者凶，五兩七兩可居住，九兩以上大吉（《相宅全書》）。

風水先生還用土色辨龍脈，五色以青為上，黃次之，赤次之，白又次之，黑土磽确粗瘠，無所取。世人要白土者，以其枯散耳（《玉髓真經》卷十八）。《地學指正》指出：「夫尋地，上吉之地無多，若視其土色光潤，草木暢茂，不犯風吹、水劫，即為佳地。如滿地純是乾燥砂石，並無好土，書曰，無土則無氣，斷不可用。」可見土在風水中的重要地位，也是風水家判斷環境優劣的重要標誌。

㈢對礦藏環境優劣的識別

風水先生掌握了一定的探礦知識，知道什麼現象反映地下有什麼礦藏。他們為什麼要掌握探礦知識呢？這有兩個原因：

其一是從吉凶觀念出發，認為地下埋藏什麼東西吉祥，什麼東西不吉祥，甚至有凶禍。所以《相宅全書》說：「基之所藏，何物乃祥？珠玉為上，生物亦強。魚龍之骨，九卿之鄉。生龜下守，公侯之藏。古印劍器，五品官方。」

其二是為了躲避他日成為興利之場。地下有礦，免不了總有一天會被人們開採，一旦礦業興起，必然會損毀墳基或住宅，破壞風水（環境）。風水先生為了能作出未來此地無礦業的預告，必須掌握探礦知識。用探礦知識初步查明此地無礦，確保風水寶地的長久安全。

風水學說中的探礦知識有以下三項主要內容：

1. 指示植物探礦

明朝柴復貞《相宅全書》說：

岡生野蔥，下有銀叢，若生野韭，金據其中。野薑生處，厥土多銅，中埋玉石，草木不蓬。黃草白莠，下有金守，黃莠白莖，銀之所有。大樹忽死，或偏而枯，隨枝所指，寶藏之區。草莖蒼赤，短短而疏，掘下十尺，瓦石與俱。草枯而黑，下通泉脈，若有鉛銅，焦萎無澤。

這種用指示植物探礦的方法，我國始於戰國，盛行於南北朝。上述言論，有的是繼承古人的，有的則是後來的發展，這是一種很有用的科學知識。

2. 泉水探礦

張子微在《玉髓真經》中說，有一種生礦土，下出紅泉多沮洳，此山定有銀錢礦，它日或為興利處。對此，《地理學新義》說，紅泉之地，必有銀礦；腥泉之地，必有鐵礦；溫泉之地，必有硫黃、礬石。

3. 用地下水知識探礦

劉獻廷《廣陽雜記》、劉繼祖《地輿隨記》都說，「川北鹽井，民所開也。深數百丈，堪輿家指示其處」。這裡雖然沒有進一步記載堪輿家是如何指示地下有鹽脈的技術，但根據堪輿家對地下水的重視和研究，可以肯定，當時的堪輿家是用地下水知識來尋找鹽脈的。

上述三點，是風水學說對探礦理論的貢獻，也是風水先生用來識別礦藏環境優劣的手段或武器。

㈣ 對地貌環境優劣的識別

風水中的四大要素龍、砂、穴、水，其中三大要素離不開地貌。它既講山地環境，也講平原和海岸地貌環境。

1. 山地地貌環境

風水中講的山地地貌，不同部位有不同的名稱，如：

(1)龍（又稱龍脈）　風水學說中借用龍的名稱來代表山脈走向、起伏、轉折變化。唐宋時期提出三大龍說，講的是中國山脈地理分布三大系列，它以中國四條大河來劃分：

長江以南為南龍；長江、黃河之間為中龍；黃河、鴨綠江之間為北龍。三大龍的起點都是崑崙山。每條龍從起點到入海又按遠近大小分遠祖、老祖、少祖。越靠近起點越老，越靠近海越嫩（《地理考索》）。這種老嫩的說法是風水的講法，不是地質學上講的地層老嫩。山脈有老嫩的觀點是對的，但風水學說講的老嫩序列與地質學上講的地層老嫩序列不是一回事。龍之下又分節，起一峰，過一峽，即為一節。

風水學說又按山脈形態，把龍分為進龍、退龍（進龍，表現為龍身，即山勢，節節往高處走；退龍表現為龍身漸漸消除）、福龍（有福氣的龍）和病龍（病態的龍）四種。前三種被認為是好地方、好環境，而病龍被視為是不好的環境，「鋤破崩殘同一斷，縱然成地亦孤寒」（《堪輿漫興》）。從地質學的角度看，病龍所在地可能是斷裂線、斷層線所在的地方、或是兩種地質區域接觸帶，多漏水層，多火山、地震，是地表不穩定的區域，有隱患，所以稱為病龍。

據《深圳商報》一九九八年七月二十四日援引新華社報導，俄羅斯學者研究發現，地質構造異常影響人類身體健康，對植物生長產生不良影響。如生長在地層斷裂帶的植物會發生病變。在地質斷層特別複雜的地區，人類腫瘤病發病率比其他地區高二～三倍。在地層斷裂地帶的公路上，交通事故發生率是其他地區的十倍。地質斷層帶會釋放出放射性氣體，引起局部地磁變化，這是引起人體及植物病變的原因，但不是全部原因。可見風水學說講的病龍地區不是好環境，不是無稽之談，而是包含有一定的科學道理，不可忽視。

龍的祖山必是名山，地域大，跨州連郡，延綿千百里。龍的脊脈（山脊），多為疆域分界線。當它暫停向前起伏延綿時，往往形成盆地。這些盆地是營建省會通衢的好地方。「千里為大郡，二三百里可為州，百里只堪為縣治，下此為鎮市」（《地學簡明》）。

龍之下分支龍，即山脈的分支。它的劃分以小溪小澗為依據。再往下的各種小地形，都有專名。如太祖山指那些高大異常、跨州連郡、延綿數百里的大山或名山，最小亦須冠於一邑一方，高聳雲霄，天陰時有雲霧生山巔。少祖山指穴後數節的大山，又叫主山。父母山指穴後一節的山。父母山之下，落脈處為胎，其下束氣處為息，再起小山頭為孕，結穴處為育。這些名詞體現了地形上的尊卑有序，大小有倫。自主山頂上分開大八字謂之開障或開面。大八字之內又分半大半小八字，不論條數多寡，均謂之護帶。護帶之內貼脈分小八字，謂之蟬翼。參見圖三—十（示意圖三）就清楚了。

大抵江漢以北，龍多由西北而趨東南；江淮以南，龍多由東南而趨西北。然廟朝宮殿府縣治廨，無不向南，蓋取向明而治之義（《玉髓真經》卷十九）。

進龍環境為什麼好？《堪輿漫興》曰：「穴後相看節節高，猶如天馬下雲霄，子承於父孫承祖，世代居官掛紫袍。」這是官本位思想的反映，認為居住或埋葬在這種環境中能出大官。

退龍比進龍差的原因是：「穴（房屋、墓葬所在地點）後一重低一重，此地須知是

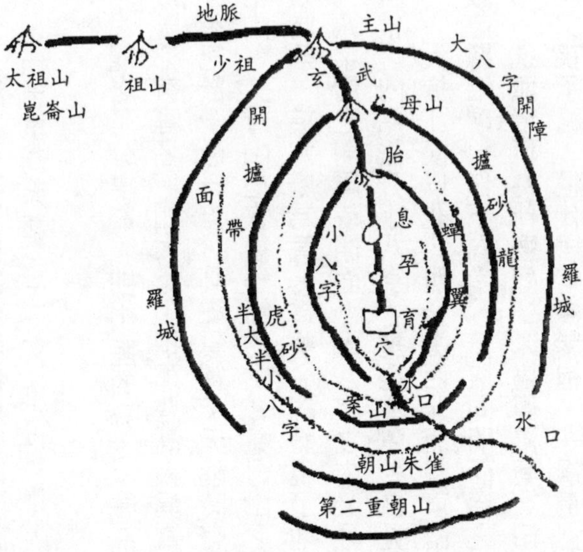

圖 3-10　一般風水龍脈示意圖（示意圖 3）

退龍。縱有穴情只一代，兒孫不久便貧窮」（《堪輿漫興》）。

(2) 砂　穴前後左右的山叫砂。砂與龍都是指山體，區別在於龍好像主人，砂好像僕從。龍大則保衛它的砂也多；龍貴，則跟它的砂也秀美；龍強，則隨龍砂也遠（《地理或問敘》）。砂又分朝山、案山、樂山、羅城、龍山、虎山、福儲峰、夾耳山、水口砂、華表、北辰、官星、鬼星、禽星、曜星等。總之，砂在構成封閉地形中起了決定的作用。

不同部位的山體有專門的名稱，反映了風水對砂這種小地形的研究和分類比較深入。如朝山、案山是穴前遠近不同的山，遠的稱朝山，近的稱案山；樂山是穴後的山；羅城是指祖山分幛包羅於外，形成大局的地形，好像城市周圍的城牆，故有此名；龍山、虎山指穴左右的山；福儲峰指穴後玄武頂背的山，又叫後照；夾耳山指穴左右龍虎以外突起的兩山，對峙夾照，故又稱左輔右弼；水口砂指水流出處兩岸的山，要互相穿插遮擋為佳，華表指水口中間有奇峰卓立，或兩山對峙，水從中出，或橫闌高鎮，窒塞水中，高聳天表；北辰指水口間巉岩石山，聳身數仞，形狀怪異，從中流挺然朝向穴位者，或指水口關闌之中，有墩阜特起，或石或土，於平中突然，當於門戶之間，四面水繞的地形，又稱尊星；官星指龍虎山背後的山，拖向前去；鬼星指穴後拖撐之山；禽星指水口中的石頭，又叫落河火星；曜星指龍虎山肘後生的尖石頭。

《狐首經》論砂曰：

華蓋昂昂，朝揖堂堂，左抱右掩，疊巃重岡，青龍縈左，白虎踞右，朱雀舞前，玄武鎮後，幾案橫張，生氣洋洋，勢止形昂，前闊後岡，龍首之藏。

具體要求是青龍要蜿蜒，白虎要馴頫，玄武要垂頭，朱雀要翔舞。如果青龍蹲踞，名曰嫉主；白虎昂頭，名曰嫉屍，雀不翔舞，名曰騰去，武不垂頭，名曰拒尸。

《囊金》論案山曰：

近宜低，遠宜高。高則齊眉，低則應心。若近而逼，遠而不朝，低而太遠，高而太近，皆非合格。大抵尖秀者主出文章榮達之士，方圓肥滿者，主子孫巨富。

又論水口曰：

夫水口者，水流去處是也，切不可空缺。見水直去，必欲其狹而塞，高而拱，或兩山交接，或起高峰，或生異砂，如印如笏，如龜如魚，如石筍、如卓筆，或對峙如旗鼓，或排列如布陣，數山交鎖，三重五重，至於一二十里者，則水口之至貴也。然又看其情勢如何，若面面朝入，則為我用，欲如相君署堂，大將屯兵，節節守把，無階可進，小官卑將，拱手而立，合此形勢，斯為大地。若水口寬闊，山腳走竄，一節低一節，一山遠一山，則非吉矣。縱有融結好地亦發福不久。水口之處，倘有大橋林木，佛祠神廟，亦能發福。伐木毀廟，凶禍之來，不可救也。若有天生自然水口，則不假橋木祠廟以為用也。

這就很具體地把水口的優劣講清楚了。

(3) 穴　凡結穴之處（蓋房、墓葬的地點），必有小小輪暈（土壤呈現如樹輪一樣的不同顏色的圈）。從地形上看，高陡之中必然有些平坦，有護穴的砂水，砂水一股明顯，一股隱蔽，像魚鰓一樣。穴形有窩，即平窩；鉗即山口，山口形狀多樣，如鉗口、鴉鉗口、燕雀口、蜈蚣口、鰍口等。乳即中間嫩枝；突即穴後之毬。這些都是小地形。

《玉髓真經》在論形象穴時說：

狗眠須要下前脾，更有項鈴亦宜利。臥龍當與下頷穴，頷有逆鱗生氣岸。獅子帶鈴下鈴穴，伏獅之形下鼻沖。臥虎之形當下鼻，行虎箭堂卻在腹。鸞鳳飛翔須下翅，飲啄之形須下啄。或下翼稍亦是穴，卻看山形是何意。蛇下七寸及氣堂，莫得回頭人被傷。下腰及下蛇心肺，此穴定是發瘟黃。蜈蚣只有口鉗穴，蜘蛛亦是口中穴，除口之外無餘地。游魚上水下魚鰓，下水魚兒尾上裁。

這裡具體講了各種形態地形中的穴位，也就是最好的小地理環境或不好的小地理環境。具體講，地形如狗眠狀者，其穴下在前脾臟處，如果狗帶有項鈴者，則穴下在項鈴處。地形如臥龍狀者，其穴下在龍的下頷處。地形如獅形，獅子又帶鈴者，其穴下在鈴的口內。地形如伏獅狀者，其穴下在鼻腔內。地形如臥虎形者，其穴下在鼻腔內。地形如虎行路狀者，其穴下在虎的腹部。地形如鸞鳳飛翔狀者，其穴當下翅。地形如鳥飲啄之形者，其穴當下啄，或下翅膀尖。地形如蛇狀者，其穴當下蛇的七寸位或氣堂位，如果把穴下在蛇的下腰或蛇心肺，則不吉，此穴定是發瘟黃。地形如蜈蚣狀者，其穴只能下在口鉗處。地形如蜘蛛狀者，其穴只能下在口中，除口之外無餘地。地形如游魚上水者，其穴當下魚鰓處。地形如游魚下水者，其穴當下魚尾處。

此書還進一步論述了各種穴的好壞優劣，說：

又有平坡土石枯，草木焦疏名天墟。此龍無氣更不旺，家財沃焦食無餘。鑿開必有雞肝石，片片黑爛不禁鋤。如此形穴縱真的，切恐誤人心願狐。又如諸山極高聳，入穴巍峨皆臃腫，或為獅象虎牛形，頭面不顯手足重。此名天隱最難尋，面面皆高無脈縫。要知龍急下緩穴，緩穴必有平坡送。急山偶有一片平，此是隱藏大造情。故名天隱不露蹤，高人識在心目中。三峰兩峰同一面，此穴斷在怪處逢。煩君仔細上下看，未有五里行虛龍。龍行五行必有地，何況十里百里蹤。大獸大形多高大，湧出頭面多豐隆。若不尋龍精微處，天隱如何容易窮。又有石山石片慢，皆無寸土穴難安。童山土色雜細碎，可栽木植生長難。卻須回還四獸地，自有土潤草木山。若得土時穴須淺，不必深鑿入其間。

2. 平原地貌環境

風水學說中把平原地貌分成三級：

第一級有平洋地、水地和海潮地（《地學指歸》）。平洋地指河南、北直陸海（今華北大平原），一望數百里。水地指江、浙（今江蘇南部、浙江北部）平田者，即今長江三角洲平原。海潮地，海邊通潮者，即今海岸小平原。

第二級有山陽、平陽、平岡、平洋。山陽指山間盆地，「眾山之中，有寬平之地，謂之山陽」（《地學指正》）。平陽指水地中的平原，「離山已遠，一望皆係平田，雖有高低，並無山岡」。平岡為丘陵區盆地，「大山之外，猶有小山小岡，附近高平之地。」平洋與平陽相似，也是水地中的平原，「南方水鄉皆係稻田，或茫茫皆水，內有高起水面平田、平地」（《地學指正》）。

第三級有坪、平地、洲。

在平原地區如何挑選穴位，如何挑選比較好的地理環境，《地學指正》有一段論述，說：

若至平陽雖無山形可證，必有隆隆高起。如有一人仰面躺在地上究比地高。其額為起頂，兩眉骨為八字開帳，鼻為出脈，兩目為蟹眼，鼻兩邊凹處為蝦須水，鼻頭為蓋砂，人中為束氣，口為圓暈，頦為唇檐，兩顴骨兩腮為青龍、白虎，兩耳為天關地軸夾砂，此如上穴。項為餘氣，兩肩為舒肩，兩臂下垂過腹，為開大帳，胸微高，如又起頂，胸下兩肋分開，為小八字，復如仰面金星穴場，臍為圓暈，臍外周圍胖肉為弦稜，少腹為唇檐，此如中穴。少腹微高，又如起頂，兩胯為舒肩，兩腿為開大帳，前陽物為垂乳小脈，挨下平地即為圓暈，此如下穴。

這是用人體來比喻地形，選擇上、中、下三等穴位（即地理環境）。平原選穴位主要看地形上微小的起伏，不像山區穴位，地形起伏大，容易看清。

(五)對生物環境優劣的識別

風水學說常常以生物作為識別環境優劣的指標，環境好，則草木鬱茂，蒼松翠竹，禽獸繁盛。環境不好，則草木焦枯，禽獸離散（《相宅全書》）。

《堪輿完孝錄》指出：

凡入鄉，登其宅墓，見其禽獸繁育，草木暢茂，風氣和暖，山谷騰輝，水深土厚，景色清奇，至晨昏半子之時，乃見祥光呈現，游氣交騰，此皆盛氣也，發福必大。若入其鄉，登其宅墓，見其草木焦枯，禽獸離散，風聲淒慘，氣色消索，山川崩破，寒谷幽暗，及晨昏半子之時，又見光明不著，滯氣交騰而寂寂然，如入無人之境，此皆衰氣也，為禍必速。

這段話講的道理很容易讓人理解，生物生存都有困難的地方，人類必然很難生活。《青烏經》也說：「草木鬱茂，吉氣相隨。」這吉氣就是生氣，地有生氣，不論是天然生的或是人工栽的，草木都長得很好，自然環境也好。《相宅全書》曰：「蒼松翠竹，森森繞屋，人旺財豐，著緋著綠。」

對於墓葬，本來不用選擇環境，但中國自古就有「事死如事生」的風俗習慣，所以選擇墓地也跟選擇陽宅一樣。

陸象山主張，選擇吉地必須山水環抱，水土深厚，草木暢茂，人煙團聚。「山之原欲高，水之委欲深，如是則吉地。土薄而瘠，水峻而急，草木凋零，人煙稀少，如此則為凶地。」（《玉髓真經》卷二十四引）。

㈥對氣象氣候環境優劣的識別

風水學說對氣象氣候環境優劣的識別有三個內容：

1. 風

風水學說對吉祥地的要求是藏氣避風。因為風水學說講究氣，特別要求氣聚，不要氣散。如「外山環抱者，風無所入，而內氣聚。外山虧疏者，風有所入而內氣散。氣聚者暖，氣散者冷」（《堪輿泄秘》）。這裡把風、氣和溫度連在一起。風吹，氣散，寒冷；風不入，氣聚，溫暖。反映了氣象氣候環境的優劣。

《陽宅正宗》曰：

屋之前後左右，如有空缺，必有風來，風聚者氣聚，吉凶隨時而應。風散者氣散，吉凶不能即應，惟有耗散耳。宅中亦有空氣，雖大不作散氣論，如天井寬闊（過大者不利），空氣從中央入，近北之屋作離氣，近南之宅作坎氣，在東者受兑氣，在西者受震氣，八方各以氣應。

《地學指正》講：

凡到山陽平岡之處，最忌犯風。若登穴場，留心查看，四圍纏護，山頂上有凹口，欲呼山壑口，由此處來風，直吹穴場，謂之凹風，又名翦燭風，主退敗傷丁。由兩山之間，空處來風，並無遮護，直吹穴場，謂之洞風。前後左右，或斜吹，皆忌，犯之主丁稀冷落。山彎之處，中間平地，逢有天水，心由低處流去，遇有風，即順水去處進來，至山彎中，勢必旋轉，謂之旋風，犯之主翻棺。雖曰平陽不畏風，亦畏暗風，倘有溝道暗風，吹入穴場，謂之筆管風，又名窗隙風，犯之主缺丁。

2. 陽光

風水很重視陽光照射，「廟朝宮殿府縣治廨，無不向南，蓋取向明而治之義」

（《玉髓真經》卷九）。在北半球，南方是陽光最充足的方位，次為東方，又次為西方，北方不良。「三陽不照多陰極，妖怪多藏匿」（《立宅入式歌》）。陽光照不到的陰極之地，不能選為居住地。在這種環境中長久居住，必然會生病甚至死亡。一般來說，生物離不開陽光，人也是如此。

3. 氣溫

氣溫與陽光有密切的關係，在同一緯度、同一高度上，陽光充足的地方自然氣溫高。風水學說中的背陰向陽原則，既是為了爭取陽光，也是為了爭取熱量。

據現代地理學的觀測資料，南京方山冬天的日平均氣溫和最高氣溫，在一百五十厘米高度處，南坡比北坡分別高一攝氏度和二攝氏度；在五厘米高度處則分別高三攝氏度和八攝氏度。南坡氣溫明顯高於北坡。土溫則南坡比北坡高五～六攝氏度。

許多風水著作提到，「瑞氣溫暖」則吉（《三白寶海》）。「穴吉而溫，富貴綿延」，「土溫而穴吉」（《青烏經注》）。「嚴冬而特溫和」則吉（《囊金》）。這是指不同地方的常年平均氣溫而言是這樣，若是全球平均氣溫增加，氣候變暖，則不是好現象。它會使兩極的冰融化，海水上升，沿海岸的經濟、交通、環境會受到嚴重影響，造成災害。隨著二氧化碳氣體增加而出現的地球變暖，將使瘧疾等傳染病流行。由於臭氧層破壞而引起的紫外線增多，有可能導致人體免疫機能下降，直接影響人類健康。全球氣候變暖，還會使流感流行，誘發腦血栓、心肌梗塞、心力衰竭等疾病。因此，全球氣候變暖是人類要共同治理的環境問題。

四、風水對生態環境的評價與改善

㈠風水對生態環境的評價

風水學說對生態環境的評價有優劣兩個方面。好的方面，風水學說有一套標準，就是要有利於人類生存和發展，即趨吉。正如陸象山講的，地理之要，只是察山與水而已，初非觀見。夫成就之處，山必回，土必厚，水必平，草木必暢茂；人煙必團聚，神殺必轉動。山之原欲高，水之委欲深，如是則吉地（《玉髓真經》卷二十四）。

這裡講的既有自然環境（山、水、土、生物），也有社會環境（人煙必團聚），是一種適合人類生存發展的生態環境。

曹溶在《地理指歸》中也指出：「相地之法，以發人丁，足衣食，平安無禍為主，果子孫蕃衍，又端正有文，又家道康饒，不涉禍患，自然富貴漸至，如此為善相地。時師言貴必將相，言富必千億，一若操券，與人誇誕無實，竊所不取。」曹溶的這種態度是正確的，是對生態環境的正確認識與評價。

黃時鳴從氣的觀點對生態環境作的論述更具體，他說：

凡京省府縣，其基闊大，正盤已作衙門矣。居民與衙門太近者，不吉。秀氣已盡鍾故也。其基既闊，宜以河水辨之，河水之彎曲乃龍氣之聚會也。若隱隱與河水之明堂朝水秀峰相對者，大吉之宅也。凡山谷與落窩為正盤，住在界水槽中，最不與旺。凡城市地基貴高，然邊城上高而長者，乃護砂也，又不可居。（《陽宅撮要》）

《陽宅發微》曰：

神前廟後乃香火之地，一塊陰地，所住必無旺氣在內。逼促深巷，茅坑拉腳，一滯氣所占，陽氣不舒，俱無富貴之宅。屠宰邊邊一團腥穢之氣，尼庵娼妓之旁，一團邪氣，亦無富貴之宅。祭壇古墓、橋梁牌坊，一團險殺之氣。四圍曠野總無人煙，一塊蕩氣。空山僻塢獨家村，一派陰霾之氣。近山近塔，一片廉貞火象，亦無富貴之宅。

這裡著重講了不好的生態環境，其原因有的是水、氣污染嚴重，有的是噪音污染，有的是社會環境差，所論不無道理。

風水對生態環境的評價，一般含有三個內容：

1. 生態環境的優劣要看它是否有利於人類生存發展，有利於人類生存發展的則吉，不利於人類生存發展的則凶。
2. 生態環境要優美，不要醜惡，這就是風水所要求的生態美學環境。

3.生態環境要讓人們生活其中感到舒坦、衛生、安全，心理上覺得愉快，避免那種令人感到壓抑、鬱悶和心靈不安的環境，這就是風水所要求的心理學環境。

第一項內容，前面講了許多了，這裡不再重複。

第二項內容，風水追求的生態環境美，有四個標準。下面分別敘述之。

(1)秀　從外觀上看給人的印象應該是秀美，不是醜。比如土色要光潤，草木要茂盛，不犯風吹水劫。蓋房子地基要方正，房屋外形要端肅，氣象要豪雄，護從要整齊好看，這才是美。如果高低相差太大，東扯西拉，東盈西縮，看起來就不美。

(2)吉　吉也是美，凶就是醜。氣吉則形必秀麗，端莊、圓淨；氣凶則形必粗頑、欹斜、破碎（《地理知止》）。比如地形上探頭、刺面、掀裙都是凶地，自然也是醜地。而玉帶、御屏、帝座是吉地，自然也是美地。對水來說有八吉八凶，也就是八美八醜。

八美是：一眷，去而回顧；二戀，深聚留戀；三回，回環曲引；四環，繞抱有情；五交，兩水交會；六鎖，彎曲緊密；七織，之玄如織；八結，眾水會瀦。

八醜是：一穿，穿胸破堂（水從穴位直來直去）；二割，割脈割腳（水割斷龍脈）；三牽，天心直出，牽動土牛（水從穴後直出，沖毀墳堆土）；四射，小水直來，形如箭射；五反，形如反弓，這正是河水沖刷侵蝕的一岸，不安全；六直，水直來直去，來去無情；七斜，斜飛而去；八沖，大水沖來。

(3)變　生態環境各因素要有變化才美，無變化，呆板則不美。龍脈要活動曲折，山欲其迎，四山向我。迎則山勢動矣。山本靜，欲其動，動則氣流行於內而不絕也。水本動，欲其靜，靜則氣停蓄於中而不散也（《青烏經》）。

(4)情　生態環境不外山情水意，若山無情，水無意，則失地理之本旨矣。（《都天寶照經》）朝對要有情，如案山近宜低，遠宜高。水要曲折而來，盤桓而去，橫水抱穴為弓，繞抱有情。內明堂不可太闊，太闊近乎曠蕩，曠蕩則不藏風。又不可太窄，太窄則氣局促，局促則穴不貴顯。總之，要合情合理，要適中。（《囊金》）

風水要求整個環境都要面面有情，環水抱山山抱水。要達到這個要求，就要做好十件事：一要五星形體分明；二要坐處旺氣豐凝；三要前有裀褥明堂；四要玄武四應分明；五要授受動靜相乘；六要合尖界水聚前；七要龍虎高低相應；八要前後案樂相親；九要乘借無差；十要城門關鎖。（《地理考索》）

這十件需要具體解釋一下：

第一，要五星形體分明。五星指金、木、水、火、土，在風水中，用這五星來表示山形，如金的山形是圓頂形；木的山形是直立形；水的山形是曲折的山頂；火的山形是尖銳的山頂；土的山形是山頂平方形。

第二，要坐處旺氣豐凝。坐處即穴位所在地，這個地方要旺氣（即生氣）豐富凝聚，虎虎有生氣。

第三，要前有裀褥明堂。穴的前面要有如軟墊子似的平坦的明堂。

第四，玄武四應分明。玄武、朱雀、青龍、白虎四獸要對應分明。

第五，要授受動靜相乘。這如前面《狐首經》講的，青龍要蜿蜒，白虎要馴頫（俯），玄武要垂頭，朱雀要翔舞。就是說，該動的要動，該靜的要靜，配合得當。

第六，要合尖界水聚前。要有河流匯聚在前方，形成水口。

第七，要龍虎高低相應。風水先生認為，龍要高於虎才好，龍稱上砂，虎稱下砂。風水口訣中有「青龍要高大，白虎不能抬頭」的說法。

第八，要前後案樂相親。穴前面的案山和穴後的樂山要配合得當，一般是樂山高於案山，如果相反則不好。

第九，要乘借無差。郭璞《葬經》內篇曰：「葬者，乘生氣也。」所以這裡講的乘借就是憑借生氣。在憑借生氣方面不要出差錯，不要把無生氣之地當成有生氣，更不能把死氣之地當成生氣之地。

第十，要城門關鎖。所謂城門指水口，水口要有山互相遮掩，人從外面看不到穴場。風水先生把一個封閉式的環境比做一座城，所以把水口關鎖稱作城門關鎖。

第三項內容，關於生態環境的心理平衡問題。風水所選擇的居住環境尤其是墓穴環境，是把自然環境和人的心理作用融合在一起，對環境寄予某種希望，有所追求。比如希望住在此地能升官發財，兒孫相繼，人丁康泰多壽，六畜興旺等等。選一塊墳地則希望蔭及子孫，追求富裕生活。這點可以說是迷信，也可以說是心理作用。

中國風水術之所以盛行兩千多年，其主要原因是心理作用。風水先生對某人說，你選了一塊風水寶地，於是此人在心理上就得到了某種安慰，精神上有了寄托，幹起事情來能專心一意去幹，不再疑神疑鬼，起到了心理平衡作用。風水先生不主張頻繁遷居遷葬，也是這個道理。

風水先生認為，山水廣大，出人度量寬洪。山水逼窄，出人胸襟狹隘。四山端正，而水清平，出人平易正大。四山峻嶒（四面都是高大險峻的山）而水沖激，出人凶狠乖戾（凶殘）（《堪輿雜錄》）。司馬頭陀說：

山形端方則人忠，山形傾側則人佞。山形柔亂則人淫，山形卑劣則人賊。山形粗猛則人惡，山形瘦薄則人貧。山形粹美則人慈，山形威武則人斷。《寶鑑》說，山厚人肥，山瘦人饑。山清人貴，山破人悲。山歸人娶，山走人離。山長人勇，山縮人低。山明人達，山暗人迷。山順人孝，山逆人欺（《人子須知》引）。

這就是說，環境對人的性格、健康狀況甚至思想品質都有明顯的影響。性格是個性心理的內容，因此對人的性格的影響就是對人的心理影響。

按說山的形態與人的體態、性格毫無關聯，為什麼風水先生把這兩者拉在一起呢？

從理論上講是受老子「人法地，地法天」思想的影響，主張人和天地有密切的聯繫，因此地形也能影響人。從心理上講，周圍地形環境對人的心理起著潛移默化的作用，人們把地形與社會道德相聯繫，產生聯想，使心理作用更強烈。

(二)風水對生態環境的改善

前面已經講過，易學中已有環境整治觀，風水學說繼承了這個觀點並有所發揚光大。風水術對那些生態環境欠佳甚至不好的地方一般採取兩種態度，兩種作法。一種是消極的態度，辦法是迴避不用或放棄不用。一種是積極的態度，在環境整治觀影響下，採用人工改造的辦法把不好的環境改變為好環境，這種改造當然要付出勞動和經濟代價，沒有一定的勞動投入，沒有一定的經濟基礎，是無法進行改造的。

很顯然，大自然中完全符合風水理想的環境是不多見的，不是有這個缺陷就是有那個缺陷，簡單放棄不用是不現實的。風水先生指出的生態環境欠佳或不好的地方是很多的，如神前佛後，廢址，古監獄，古戰場，舊墳地，門前道路多，水從屋背沖射，三陽不照的陰地，蛟潭龍窟之地等。（《立宅入式歌》）這十種地不宜居住，特別是三陽不照的陰極之地，人生活在裡面必會生病。

《三白寶海》也提出了十種不宜居住的惡地：

一、雷霹地。

二、流水沖成坑坎之地。
三、窮山獨峰，四畔深陷，案山險惡，臨大江無回顧，隔水方案。
四、八風交吹，四(神)獸不附，坐穴處高，四邊低破。
五、明堂窄狹，不容人存立。
六、受死地，堂中濁水江湧，四時濕爛。
七、天囚地，明堂深坑，天井損陷。
八、天隔地，地深一尺有石，案山逼近反高，左右龍虎高於本主。
九、天都地，土色焦枯，不生草木。
十、天魔地，掘深一尺即是濕泥，土色黑爛不乾。
《山洋指迷》又指出八種地不能居住：
一曰穿，穿胸破堂水。
二曰割，割脈割腳水。
三曰牽，天心直出，牽動土牛水。
四曰射，小水直來，形如箭射。
五曰反，形如反弓水。
六曰直，水來去無情。
七曰斜，水斜飛而去。

八曰沖，大水沖來。

《睽車志》中則說五箭之地不宜居住：

一曰風箭，峰巔嶺脊，陵首隴背，土囊之口，直當風門，急如激矢之地。

二曰水箭，峻溪急流，懸泉瀉瀑，沖石走沙，聲如雷動，晝夜不息之地。

三曰土箭，堅剛爍燥，斥鹵沙磧，不生草木，不澤水泉，硬鐵腥錫，毒蟲蟻聚，散若壞壤之地。

四曰石箭，層崖疊巘，峻壁巉岩，銳峰峭岫，拔刃攢鍔，聳齒露骨，狀如浮屠之地。

五曰木箭，長林古木，茂樾叢薄，翳天蔽日，垂羅蔓藤，陰森肅冽，如墟墓間之地。

對這些不宜居住的地點，如果人工還沒有力量改變時，當然只好迴避，放棄不用。如果人工可以改變時，風水先生極力主張採取積極的人工改造辦法。

《地理大全》卷二十九「裁成之妙」說：「挖龐去滯，障水蔽風，截長補短，添砂續脈，此隨時化裁，盡人合天之道也。善作者能盡其所當然，不害其所自然，斯為得之。」這就是透過人工修補的辦法，把存有缺點的生態環境改變成為理想的生態環境。舉幾個實例：

徽州（今安徽歙縣）有一個村子，地形很好，就是缺少一條環繞村子的水流。在風水先生指導下，全村人開挖了一條環繞村子的水渠。此後，村運興盛，參加科舉考試的人連連獲得金榜題名，真是立竿見影，功效神奇。（《齊氏族譜》）這當然是後人過於誇大的言辭。實際功能是修了此渠後，全村的灌溉、供水條件改善，自然物產豐盛，經濟實力增長，有錢學文化，中舉入仕途也是情理中之事。

歙縣呈坎村也是如此。南宋時，羅氏定居葛山腳下，一溪水沿山腳而流，限制了以背山面水為格局的村基用地。從風水觀點看，原來的溪水對村子呈沖射狀，不吉。於是羅氏在風水先生指導下，築石壩使溪水改道。這樣，不僅擴大了村基用地，而且將原來的沖射狀水形改為冠帶形水形，結果大吉大利，人丁興旺，家族致富。

黟縣宏村也有類似的變遷，南宋紹熙元年（一一九〇）汪氏「卜築數椽」於雷岡（來龍山）之下，一溪沿山腳而流。德佑年間（一二七五—一二七六），暴雨洪水使溪水改道，與西南邊的另一條河流匯合，繞村子的南面流去。這次水系變化給宏村提供了更廣闊的發展基地，呈背山面水之勢。

明朝永樂年間（一四〇三—一四二四），又三聘地師對村落進行了總體規劃，將村中一天然泉水擴掘成半月形水沼，並從村西河中「引西來之水南轉東出」。萬曆年間（一五七三—一六二〇）又將村南百畝良田掘成南湖。至此，宏村水系規劃完善，從村西入村，經九曲十彎，貫穿村中月沼，穿過家家門口，再往南注入南湖。這一水系調整，不僅符合風水學說觀念，而且為宏村的發展提供了良好的基礎。明清時期，此地居然成為黟縣「森然一大都」了。可見風水理論對環境的改良是有益的（張十慶：《風水觀念與徽州傳統村落關係之研究》）。

生態環境可以透過人工改善，變得更好。也可以由人工破壞，使之變壞，而且破壞比變好更快、更容易。這種破壞生態環境的做法，傳說戰國時期就已流行。為了鎮壓金陵王氣，楚威王用埋金的辦法鎮地。秦始皇時乾脆派人挖斷龍脈，引秦淮河北流，以泄王氣。唐太宗聽說西南千里外有王氣，就派人去四川找，後來使臣到了閬中，果見山氣蔥鬱，就說王氣在這裡，於是鑿斷閬中的石脈，以泄王氣。

民間也學帝王的作法，村與村之間為了各自的利益與安全，互相破壞對方的風水。方法是以鎮物鎮之，破之。如修廟、樓、塔等。各村為了避開對方的鎮物，又在村落形態與建築形象上加以修正與調整。如歙縣呈坎因村南的山峰之間有外姓所做之鎮物，故整村將南向視為忌諱的方向。而村中的奎星樓、龍山廟又是破壞對方風水的鎮物。

從環境角度看，風水先生提出來的這些不適宜居住的地址，其居住環境的確有某種缺陷。如神前佛後，求神拜佛的人絡繹不絕，念經作法事的鑼鼓不停，噪音擾人，人員往來複雜，既不安寧，又不安全，住家自然不理想。

廢址為什麼要躲避呢？因為此地之所以成為廢址，無人居住，不外乎這幾個原因：①火災，②水災，③瘟疫，④盜賊橫行，⑤地震山崩，⑥土地瘠薄，沙化、乾旱、無法從事生產。前車之覆，後車之鑒，既然前人在此居住已成廢墟，後人還是不住為好。古監獄、古戰場，必然有不少人在此死亡，從心理上說，住這種地方不踏實。挖別人的祖墳蓋房不道德，不可取。門前道路多，人來人往，很不安全。流水沖屋背，一旦洪水爆發，很不安全。三陽不照之地，陰森潮濕，不宜居住。家近深潭深塘，不利兒童的安全。八風交吹之地，連動物都呆不住，植物也長不好，自然不宜人居。土色焦枯不生草木之地，無法從事生產，人居住不下去。爛泥地的生態環境差，更不宜居住。至於五箭之地，也因生態環境差，不宜人居住。

由此可見，風水學說提出的不宜居住的地方是有一定道理的，不是無稽之談。而人工改善不良環境的作法，至今仍可借鑒。特別是採用植樹來改變或改善生態環境的作法，至今仍具有現實意義。風水術認為，在平原或沒有靠山的地區，通常採用植樹的方法來彌補風水環境的缺陷。《陽宅會心集》卷上「種樹說」指出，周圍形局太窄的地方，不可多種樹，否則會助其陰，「惟於背後左右之處有疏曠者，則密植以障其空。」樹木的種植可以起到擋風聚氣的功效，還能維護小環境的生態，使村落小環境在形態上完整，在景觀上顯得內容豐富和有生機。《莆田浮山東陽陳氏族譜》卷二對東陽村基的記載是：「自公卜居後，凡風水之不足者補之，樹木之凋殘者培之」，最後變成了「真文明勝地」。其他如福建龍岩縣的銀澍村就在村後種有各種樹木，形成「巒林蔽日」、「翠竹千宵」、「茂林修竹」等景觀（《銀澍王氏族譜》）。建甌等縣則喜歡在水口處廣種樹木，形成大片水口林，與徽州的水口園林有類似之處。[19]

【註釋】

❶南懷瑾：《易經繫傳別講》第七十一～七十二頁，復旦大學出版社，一九九七年。

❷《河南濮陽西水坡遺址發掘簡報》，《文物》一九八八年第三期第一～六頁。

❸一丁等：《中國古代風水與建築選址》第十一頁，河北科技出版社，一九九六年。

❹閻崇年主編：《中國歷代都城宮苑》第四十三頁，紫禁城出版社，一九八七年。

❺華夏魂：《啊！十一朝古都洛陽》，《洛陽日報》一九八四年四月二十四日。

❻❼一丁等：《中國古代風水與建築選址》第一百七十六頁引。河北科技出版社，一九九六年。

❽原載《北京晚報》一九九八年九月八日。作者李時民。

❾侯仁之：《歷史地理學的理論與實踐》第五十二頁，上海人民出版社，一九七九年。

❿中國科學院《中國自然地理》編委會：《中國自然地理（總論）》第二十～二十一頁，科學出版社，一九八五年。

⓫顧軍、朱耀廷：《古代仙山道觀》第二十一～二十二頁，遼寧師範大學出版社，一九九六年。

⓬《巍寶山志》第二章「形勝」，雲南人民出版社，一九八九年。

⓭劉沛林：《風水——中國人的環境觀》第二百五十一頁，上海三聯書店，一九九五年。

⓫《徐霞客遊記》第七百三十四、九百五十頁，上海古籍出版社，一九九三年。

⓯《文物參考資料》一九五五年十期二十四頁。

⓰《考古》一九八五年九期八百五十三頁。

⓱《考古》一九七六年一期三十一頁。

⓲《考古》一九八六年十一期九百七十七頁。

⓳劉沛林：《風水——中國人的環境觀》第一百八十三頁，上海三聯書店，一九九五年。

第四章　易學對中國古代生態環境保護的影響

易學對中國古代生態環境保護的影響包括兩個方面的內容：一是中國歷代的環境保護思想；二是中國歷代的環境保護法規。從這兩個方面的內容中，我們可以看到，哪個時代遵循了易學的環保觀點，那個時代的環境保護就好；哪個時代背離了易學的環保觀點，那個時代的環境保護就不好。可見易學的環保觀點是前人在環保方面的經驗總結，是科學知識，是智慧，應予以發揚光大。

一、中國歷代的環境保護思想

保護環境的思想，在新石器時代就已產生。但真正有所發展，形成比較系統的環保思想，是《易經》出現以後。本書第一章「易學中的生態環境觀念」就談到了環境整治觀念，這就是環保思想，而且是一種積極的環保思想。第二章「易學中的生態環境內容」，則更具體地講了生態與環境的關係，特別是易學的節制觀點是生態環境保護的基本原則。後人繼承了這些原則並予以發展，形成了中國歷代的環境保護思想。

在張雲飛著的《天人合一——儒學與生態環境》中，把儒家的生態環境思想做了比較系統的總結。《易經》是儒家經典之首，因此，儒家的生態環境思想實際上就是易學的環保思想。下面我們按時間順序來敘述。

我國新石器時代已有環保思想的萌芽，在各地發掘的新石器時代遺址中，普遍發現居住地與公共墓地和製陶、製石器的手工業工場分隔開的現象，飼養家畜的欄圈也與居住房屋分開，如半坡和姜寨遺址就是如此，距今已有五六千年。山東濰坊市獅子行龍山文化遺址出土了陶畜舍模型。有的遺址還有傾倒垃圾的灰坑、灰溝或廢棄物的窖穴。淮陽平糧臺龍山文化古城，有排泄污水的地下管道或明、暗溝設施。距今約七千年前的河姆渡遺址中的水井，用樁木作護壁，上蓋頂棚，對飲用水作保護，防止塵埃、落葉、動物污染。嘉善新港遺址一口良渚文化古井，用剖開的原木挖空做井壁，井底鋪有河蜆貝殼，以過濾淨化地下水，具備了飲水衛生觀念❶。這些事實充分說明，新石器時代的居民已有環境衛生和環保思想的萌芽。

傳說中的舜時代，舜任命伯益作了管理山林川澤草木鳥獸的第一任官員——虞。（《尚書・舜典》、《史記・五帝本紀》）夏代已有「春三月，山林不登斧斤，以成草木之長；夏三月，川澤不入網罟，以成魚鱉之長」的禁令（《全上古三代秦漢三國六朝文》卷一「禹禁」）。說明夏代的環保思想很重時節，什麼時候可以砍伐樹木，什麼時候禁止砍伐樹木；什麼時候可以用網捕魚，什麼時候禁止用網捕魚，這就是後來的「以時禁發」的環保思想。

戰國時期，荀子明確提出「以時禁發」，《荀子・王制》曰：「修火憲，養山林藪澤草木魚鱉百索，以時禁發，使國家足用而財物不屈。」荀子提出的第二個環保思想是「不夭其生」，就是不要捕捉還沒有長大的動物，「不夭其生，不絕其長也」，這樣，「百姓有餘用也」。

《管子》中的環保思想有三個明確的原則：一是保護自然資源，以滿足社會需求。在《七臣七主》中講了一年四季裡不能做的事項。二是開發利用自然資源要有節制，與易學的觀點一致，做到保護與利用相互兼顧，不能偏廢。《八觀》曰：「山林雖近，草木雖美，宮室必有度，禁發必有時。」這裡的「度」，就是節制，不要過度，要適度。三是為了人類自身的健康。《小匡》曰：「掘新井而柴焉。」柴的意思是用柴薪把井蓋上，以保持井水潔淨，人飲用不生病，身體健康。《度地》講得更明白，「其田及宮中皆蓋井，毋令毒下及食器，將飲傷人」。

在《管子・八觀》中還談到人口與環境的關係，認為國家必須對人口進行必要的管理，使人口與土地相適應，使人口與土地保持適當的比例。「凡田野萬家之眾，可食之地，方五十里，可以為足也。」如果城市太大，人口過多，農村土地狹少，人口也少，那麼，農村生產不了那麼多糧食來養活城市人口。「夫國城大而田野淺狹者，其野不足以養其民。」用今天的話來說，人口過多，自然資源有限，土地上生產的東西養活不了那麼多人。這是很現實的問題。全世界都要控制人口，不然，世界會因人口問題而發生災禍。應該說，《管子》的這種觀點是有遠見的。

用易學的觀點來看，人口爆炸，就是由於人們生育無節制的結果。因此易學中的節制觀，對人口與環境來說，都是非常適用的，也是不能違背的。

《管子・度地》中有一段話體現了選擇國都的生態環境思想，曰：「故聖人之處國者，必於不傾之地，而擇地形之肥饒者，鄉（向）山，左右經水若澤，內為落渠之寫（瀉），因大川而注焉。乃以其天材，地之所生，利養其人，以育六畜。天下之人，皆歸其德而惠其義。」就是說，國都所在地首先要平坦，不傾。第二，土地要肥沃，有利於發展農業生產。第三，或向山，或靠山，有山則有林木、禽獸，能調節氣候，能美化環境，還有利於保衛國都。第四，國都周圍或國都內要有水澤、河川，便於雨水排泄，調節氣候，開闢水上交通。第五，物產豐富，利養其人。這樣的環境，國都才會昌盛，興旺發達。

《管子・度地》還談到五害的問題，這五害都與生態環境有關。治五害，是環境保護思想的具體反映。曰：「水，一害也；旱，一害也；風、霧、雹、霜，一害也；厲（疾病），一害也；蟲，一害也。此謂五害。五害之屬，水最為大，五害已除，人乃可治。」

孟子主張合理地利用自然資源，所謂合理就是要有節制，要有一定的季節時間，不是任何時候隨便利用，那樣就無法節制了。還要在工具上有限制，過細的網不要用，讓小魚繼續生長。他說：「不違農時，穀不可勝食也。數罟（細網）不入洿池，魚鱉不可勝食也。斧斤以時入山林，林木不可勝用也」（《孟子・梁惠王上》）。

荀子談到了生態環境與生物生活之間的依存關係，說：「樹成蔭而眾鳥息焉，醯酸而蜹聚焉」（《荀子・王制》）。「川淵深而魚鱉歸之，山林茂而禽獸歸之。川淵者，龍魚之居也；山林者，鳥獸之居也；川淵枯則龍魚去之，山林險則鳥獸去之」（《荀子・致士》）。由此，荀子進一步提出了「以時禁發」，「謹其時禁」，「不夭其生，不絕其長」，「網罟毒藥不入澤」等環保系列思想，從而達到荀子所追求的理想社會「百姓有餘材」，「百姓有餘用」，「強本而節用，則天不能貧，養備而動時，則天不能病。」實現了天人之間的和諧關係，也就是自然和人類之間的和諧關係。

《呂氏春秋・十二紀》中，按不同時間，不同月份，有不同的環境保護措施，如：孟春之月，「禁止伐木，無覆巢，無殺孩蟲，胎夭飛鳥，無麛無卵。」在這一節中，還講到人與環境的關係，說：「室大則多陰，臺高則多陽，多陰則蹷，多陽則痿，此陰陽不適之患也。是故先王不處大室，不為高臺，味不眾珍，衣不燀熱。燀熱則理塞，理塞則氣不達；味眾珍則胃充，胃充則中大鞔；中大鞔而氣不達，以此長生，可得乎？」

仲春之月，「無竭川澤，無漉陂池，無焚山林。」這一節也談到人與環境的關係，說：「耳聞所惡，不若無聞；目見所惡，不若無見。故雷則掩耳，電則掩目，此其比也。」又講到動物與環境的關係，說：「水泉深則魚鱉歸之，樹木盛則飛鳥歸之，庶草茂則禽獸歸之。」

季春之月，「無伐桑柘。」

孟夏之月，「驅獸無害五穀，無大田獵。」

仲夏之月，「令民無刈藍以染，無燒炭，無瀑布。」

季夏之月，「樹木方盛，乃命虞人入山行木，無或斬伐。不可以興土功。」

孟秋之月，「完堤防，謹壅塞，以備水潦。」

仲秋之月，「可以築城郭，建都邑，穿竇窌，修囷倉。」

季秋之月，「是月也，草木黃落，乃伐薪為炭。」

孟冬之月，「令百官，謹蓋藏。命司徒，循行積聚，無有不斂……固封璽，備邊境，完要塞，謹關梁，塞蹊徑。」「是月也，乃命水虞漁師收水泉池澤之賦，無或敢侵削眾庶兆民，以為天子取怨於天下，其有若此者，行罪無赦。」

仲冬之月，「日短至，則伐林木，取竹箭。」

季冬之月，「命漁師始漁……命司農，計耦耕事，修耒耜，具田器。」

在《呂氏春秋・有始覽》中也講了動物與環境的關係，曰：「夫覆巢毀卵，則鳳凰不至；刳獸食胎，則麒麟不來；乾澤涸漁，則魚龍不往。」如果人們把動物的生存環境破壞了，自然動物無法生存，就再也不來這種地方了。

根據李恩軍、王潔生的研究，在天人關係上，《呂氏春秋》提出了「法天地」、「因則無敵」的思想。

「法天地」是說人的活動應該和天地的性質相適應，人應該將天地作為楷模進行仿效。為了達到天地和人的一致，《呂氏春秋》提倡「無為而行」，這裡的「無為」和老子講的「無為」意義不一樣。《呂氏春秋》的「無為」是「無為之道曰勝天」。王念孫注：「勝猶任也。」意思是說人們要按照自然規律去辦事，不要違反自然事物的本性。因此，《呂氏春秋・十二紀》為自然變化和社會活動編製了一個統一的無所不包的體系，同時強調人類活動必須遵循自然規律，要合理利用自然資源，其中的環境保護思想就是建立在這種「法天地」的思想基礎之上。

《呂氏春秋・貴因》中「因」的概念，也屬於天人關係理論。曰：

> 三代所寶莫如因，因則無敵。禹通三江、五湖，決伊闕，溝回陸，注之東海，因水之力也。舜一徙成邑，再徙成都，三徙成國，而堯授之（禪）位，因人之心也。湯、武以千乘制夏、商，因民之欲也。如秦者立而至，有車也；適越者坐而至，有舟也。秦、越，遠途也，靜立安坐而至者，因其械也……。
>
> 夫審天者，察列星而知四時，因也。推曆者，視月行而知晦朔，因也。禹之裸國，裸入衣出，因也。墨子見荊王，（錦）衣吹笙，因也。孔子道彌子瑕見釐夫人，因也。湯、武遭亂世，臨苦民，揚其義，成其功，因也。故因則功，專則拙。

因者無敵。

可見「因」包含有人和自然的關係，也有人和社會的關係。在人和自然的關係上，「因」的意思是人們應當認識並服從客觀世界變化的規律，順應客觀事物發展的必然趨勢。另一方面，人應當發揮主觀能動性，利用客觀事物的性質和規律，因勢利導。只有這樣，才能「因則動」，「因者無敵」。❷

西漢文景時期，淮南王劉安組織門客編寫的《淮南子・繆稱訓》中，有生物與環境關係的描述：「鵲巢知風之所起，獺穴知水之高下，暉日知晏，陰諧知雨。」在《淮南子・原道訓》中又講了生物隨氣候變化而呈現的生態狀況：「春風至則甘雨降，生育萬物；羽者嫗伏，毛者孕育；草木榮華，鳥獸卵胎。」「秋風下霜，倒生挫傷；鷹雕博鷙，昆蟲蟄藏；草木注根，魚鱉湊淵」。

在《淮南子・地形訓》中，描述了生物取食方式與體質特徵，這也是生物的生態狀況，曰：「食水者善游能寒（高誘注：魚鱉鷺鶩之屬）。食土者無心而慧（蚯蚓之屬）。食木者多力而　（熊羆之屬）。食草者善走而愚（麋鹿之屬）。食葉者有絲而蛾（蠶是也）。食肉者勇敢而悍（虎豹鷹鸇之屬）。食氣者神明而壽（仙人、松喬之屬）。食穀者智慧而夭。不食者不死而神。凡人民禽獸萬物貞蟲，各有以生。」這種來源於粗陋觀察的概括，顯然不可能完全正確，其解釋自然更是多顯幼稚，但作為一種生物的生態學觀察，自有其學術價值和生產實踐的指導價值❸。

在《淮南子・主術訓》中，重申了前人保護環境的「先王之法」，這就是：「畋不掩群，不取麛夭；不涸澤而漁，不焚林而獵；豺未祭獸，罝罦不得布於野；獺未祭魚，網罟不得入於水；鷹隼未摯，羅網不得張於溪谷；草木未落，斤斧不得入於山林；昆蟲未蟄，不得以火燒田；孕育不得殺，鷇卵不得探；魚不長尺不得取，彘不期年不得食。」經過這番環境保護之後，就會出現「草木之發若蒸氣，禽獸之歸若流泉，飛鳥之歸若煙雲」的生物繁茂局面。

為了獲得自然資源，《淮南子・說山訓》主張要優化自然環境，比如「欲致魚者先通水，欲致鳥者先樹木；水積而魚聚，木茂而鳥集」。這種思想比「先王之法」有了發展，變被動保護為主動保護，充分發揮了人的主觀能動性，正確地處理了生活與環境保護的關係，使環境保護具有很高的經濟價值。這個觀點對今天的環保工作仍然具有現實意義。

《淮南子・本經訓》還提出亂世會使環境變壞的觀點，說：「逮至衰世，鐫山石，鍥金玉，擿蚌蜃，消銅鐵，而萬物不滋。刳胎殺夭，麒麟不游；覆巢毀卵，鳳凰不翔；鑽燧取火，構木為臺；焚林而田，竭澤而漁……而萬物不繁，兆萌芽卵胎而不成者，處之太半矣。」這個觀點與歷史事件是相符的。凡亂世，法制混亂，有法不依，無人執法。有權者各行其政，分裂割據，無統一的權威，無統一的法制，自然資源得不到保護，破壞則不遺餘力。因此，環境的好壞與社會的治亂緊密相連。

反過來，自然資源遭到破壞，環境變壞也會引發社會動亂不安。這在《淮南子・本經訓》中也作了闡述，曰：「凡亂之所由生者，皆在流遁（即流失）。流遁之所生者五。」

第一，大修宮室、樓臺、棧道，裝飾華麗，雕樑畫棟，極盡木工之巧，使木材流失。第二，人工開鑿湖泊、河流，修建人工流泉瀑布，以滿足「龍舟鷁首，浮吹以娛」的生活，結果造成水的流失。第三，大修城郭，人工設置險阻；大修臺榭，苑囿，以窮要妙之望；闕高如青雲，大廈如崑崙，牆垣、甬道相連，積土為山；大修道路，直道夷險，「終日弛騖而無剝陷之患」，結果造成土地流失。第四，開礦山，冶煉金屬，鑄造精美的器具飾品，這當中固然有生產工具，是發展生產少不了的，但許多飾品則是為了滿足少數人的慾望，使金（屬）流失。第五，熬鹽製糖，造酸製酒，「焚林而獵，燒燎大木」；冶煉銅鐵，「無厭足之日」。這樣造成「山無峻幹，林無柘梓」；還要用木材燒炭，用草燒灰，造成「野莽白素，不得其時」。火燒草木，冶煉銅鐵，使空氣受到污染，達到「上掩天光」的程度，地上的財物遭到毀壞，這就是火的流失造成的。

最後，作者強調：「此五者，足以亡天下矣。」把環境看得如此重要，把環境好壞與天下存亡聯繫在一起，這在歷史上是第一次。

當然，正常的生產、生活還要保證，作者反對的是那種少數人為了滿足私慾而毫無節制地掠奪自然資源，造成環境變壞的情況。所以，緊接著作者提出了與《周易》一致的節制觀點，強調節儉使用自然資源。

作者不僅第一次把環境問題與社會存亡相聯繫，思想極為深邃，而且第一次提出了水土流失問題，非常有遠見，非常卓越。

《漢書・貢禹傳》記載了貢禹關於環境保護的觀點，認為開採礦物「鑿地數百丈，銷陰氣之精，地臧空虛，不能含氣出雲；斬伐林木，亡有時禁，水旱之災未必不由此也。」

在這裡他提出採礦會導致氣候變壞的觀點是傳統陰陽學說的推論，不符合實際。但他提出毫無節制地砍伐森林會導致水旱災害的觀點則是十分正確的，至今仍然如此。

漢代，除了文獻中記載的環保思想外，還有出土文物也反映了當時的環保思想，是環保思想在工藝上的體現。如：一九四九年在長沙北門桂花園出土的銅牛燈，為西漢文物。它的耳下垂，腿矮小，兩角從背上兩側以圓管狀向上豎起並曲折會合為一，再向下擴大呈覆碗狀，作為煙管。背中心有一圓洞，洞上置一帶把圓燈盤，盤中有錐體，盤邊緣設槽，用以放置擋風板，以防燈火被風吹滅。腹中空，可放置清水。在點燈時，煙通過煙管（即牛角）到達腹中，經過水洗排空，可以起到消煙除塵的作用。❶是西漢起環境保護作用的生活用品，把環保思想落到生活中去，設計精巧，堪稱一絕。現在的設計師們如果能做到這點，那真是民眾的大幸，民族的大幸！

一九六八年在河北滿城漢墓出土的「長信宮燈」也是環保生活用品，燈形是一個宮女雙手執燈的形象，可以拆卸，燈盤可以轉動，燈罩可以開合，因而可以隨意調整光的亮度和照射的角度。宮女頭部也可以拆卸，體內空虛，右臂與煙道相通，通過煙道來的蠟燭煙煤被容納於體內，以保持室內的清潔❺。此外，還有山西朔縣漢墓出土的雁魚燈，廣西合浦漢墓出土的鳳燈，江蘇邗江甘泉漢墓出土的牛燈❻，陝西神木出土的雁魚燈，山西襄汾縣吳興莊漢墓出土的雁魚燈❼，長沙東門外柳家大山出土閫翁主釭鏁銅燈，長沙楊家大山西漢墓出土的銅燈❽，結構基本相同，都是室內環保用品。出土這類銅燈數量之多，是別的朝代無法相比的。這就更加證明了漢朝人的環保觀念很濃，環保思想普遍深入人心。

西晉時，杜預已認識到，由於人口增多，土地開墾加快，落後的燒荒耕作制度使植被嚴重破壞，結果水土流失。原來的水利設施因年久失修，堤壩潰決，更加使下游的良田遭到破壞。「變田變生蒲葦，人居沮澤之際，水陸失宜，放牧絕種，樹木立枯」，植被破壞後，「土薄水淺，潦不下潤。故每有水雨，輒復橫流，延及陸田」。（《晉書・食貨志》）他建議：第一，對毀壞的陂塘加以修整，以便蓄水。第二，陂塘過多的地方，因堤壩潰決而造成平陸積水的地方，則要疏浚河道，開渠引水，使平陸乾燥可耕。這是從農業生產的角度來考慮治理環境，治理水土。

隋煬帝修了東都（洛陽）至江都（揚州）的大運河後，在河畔築大道，種植了大量的柳樹。這些柳樹對改善環境所起的作用，在《煬帝開河記》中說得很清楚：「一則樹根四散，鞠護河堤；二乃牽船之人陰涼；三則牽舟之羊吃葉。」還有一點，《煬帝開河記》沒有說，那就是美化了環境。《大業雜記》說運河沿途「二千餘里，樹蔭交加」，千里運河上，如絲似帶的柳樹與波光粼粼的河水相映成趣，美景如畫。杜牧《隋堤柳》詩云：「夾岸垂楊三百里，只應圖畫最相宜。」（《樊川文集》卷三）

唐代在初春種榆樹、柳樹以堅固堤岸，還制訂了相應的保護法規，如「斫護岸樹木……皆有罪罰」（《長安志圖》）。唐代保護林木的意識比較普遍，中央政府部門有時要砍伐道路兩旁的林木用，縣官可以出來反對，阻止，使中央政府部門的砍伐計劃停止。比如貞元中（七八五—八〇五）度支打算砍伐兩京路旁的槐樹造車，更換栽小樹。縣尉張造出來反對，說：

> 近奉文牒，令伐官槐，若欲造車，豈無良木？恭惟此樹，其來久遠。東西列植，南北成行。輝映秦中，光臨關外。不惟用資行者，抑亦曾蔭學徒。拔木塞源，雖有一時之利；深根固蒂，須存百代之規。況神堯入關，行駐此樹；玄宗幸岳，見立豐碑。山川宛然，原野未改。且邵伯所憩，尚自保全；先皇舊遊，寧宜翦伐？思人愛樹，詩有薄言；運斧操斤，情所未忍。（《唐國史補》）

張造不僅敘說了道路兩旁林木在風景旅遊方面的好處，而且對行人有陰涼的利益，又是寶貴的歷史文化遺產，在維繫民族文明方面有良好的作用。張造說得有理，得到當時皇帝的支持，使度支的砍樹計劃告吹。這件事反映了唐朝從上到下各級官吏的環境保護意識很濃，才有可能出現張造的反對意見，皇帝則聽取了反對意見。這點，對當今中國仍有現實意義。

唐朝李群玉的《石潴》詩，反映了當時手工業如陶瓷、開礦、冶鑄等對環境的破壞。一是森林被毀，「高林盡一焚」。二是土地遭到破壞，「地形穿鑿勢，恐到祝融墳。」三是空氣被污染，噪聲難聞，「煙濁洞庭雲」，「田野煤飛亂，遙空爆響聞。」全詩如下：

古岸陶為器，高林盡一焚。焰紅湘浦口，煙濁洞庭雲。田野煤飛亂，遙空爆響聞。地形穿鑿勢，恐到祝融墳。（《全唐詩》卷五六九）

此詩反映了作者對環境遭到破壞的憂慮，反映了作者的環保思想，希望美好的環境能長久保存，不要人為破壞。

南宋魏峴對森林砍伐後水土流失，江河淤塞，環境變壞的認識比較深刻，他在《四明它山水利備覽》中說：四明它山原是「萬山深秀，昔時巨木高森，沿溪平地竹木亦甚茂密。雖遇暴雨湍激，沙土為木根盤固，流下不多，所淤亦少」。可是「近年以來，木值價高，斧山相尋，靡山不童，而平地竹木亦為之一空」。結果，一遇「大水之時，既無林木少抑奔湍之勢，又無包纜以固沙土之積，致使浮沙隨流奔下，淤塞溪流，至高四五丈，綿亙二三里」，「兩岸積沙侵占，溪港皆成陸地」，「舟楫不通，田疇失溉」，環境變壞對人們的生產、生活帶來了很大的損失和災害。這種教訓應該記取。

北宋時期，人們已注意到了燃燒煤、石油會對環境產生污染。如沈括在《夢溪筆談》卷二十四中說：「鄜延境內有石油……然（即燃）之如麻，但煙甚濃，所沾幄幕皆黑……石炭（即煤）煙亦大，墨人衣，餘戲為延州詩云：『化盡素衣人未老，石煙多似洛陽塵』。」可見當時延州燒煤對空氣的污染已經比較嚴重，跟洛陽的塵埃相似。

宋代蘇頌的《本草圖經》談到丹砂礦對環境的污染：「春州（今廣東陽春）、融州（今廣西融水）皆有砂，故其水盡赤，每煙霧鬱蒸之氣，亦赤黃色，土人謂之朱砂氣。尤能作瘴癘，深為人患也。」（《重修政和經史證類備用本草》卷三引）這裡說了丹砂礦對水和空氣的污染對人體有害。

稍後陳承在《本草別說》中講了信州（今江西上饒）玉山煉製砒霜時對周圍環境的污染：「初取飛燒霜時，人在上風十餘丈外立，下風所近草木皆死」。（《重修政和經史證類備用本草》卷五引）可見煉砷對生態環境的破壞是十分嚴重的，人必須站在上風十餘丈外，否則，站在下風或太近都有生命危險。

莊綽在《雞肋篇》卷上指出用桐油點燈，其煙污染環境也非常嚴重：「江湖少胡麻，多以桐油為燈，但煙濃污物，畫像之類尤畏之。沾衣不可洗，以冬瓜滌之，乃可去。」孔平仲在《談苑》中談到汞中毒和矽肺病的症狀：「後苑銀作鍍金，為水銀所薰，頭手俱顫……賈谷山採石人，石末傷肺，肺焦多死。」

明、清兩代，人們對森林的環保作用認識更加清楚。顧炎武把發生在明代廣東從化流溪河的環境變化作了對比，環境未破壞前，「流溪地方深山綿亙，林木翳茂，居民以為潤水山場，二百年斧斤不入。」當地百姓對水源林自覺保護。萬曆年間，「有奸民戚之勛等，招集異方無賴燒炭市利，煙滔沖天，在在有之……不數年間，群山盡赭。」保存了兩百多年的水源林僅用數年就砍伐殆盡，可見林木的保護很難，破壞卻很快。結果「山木既盡，無以縮水，溪源漸涸，田裡多荒。奸民陷一時小利，貽不救之大災若此。」林木毀壞後，環境迅速變壞，「溪源漸涸，田裡多荒」，形成了「不救之大災」。對此，顧炎武建議：「宜永為申禁以圖安靖，斯地方賴之矣。」（《天下郡國利病書·廣東》）。

屈大均更是以易學的觀點論證了林木與水的關係，說：「西寧（今廣東郁南）稻田所以美，以其多水，多水由於多林木也。凡水生於木，有木之所，其水為木所引，則溪澗長流。故《易》曰：木上有水，井。」（《廣東新語·木語·山木》）。他還指出：「川竭由於山童，林木暢茂，斯可以言水利。」這的確是真知灼見，有很高的現實價值。

李瑞環同志在《關於我國水的幾個問題》一文中說：「以長江為例，長期以來上游過量砍伐森林，陡坡開荒，造成生態惡化、水土流失」。講的也是水與林木的關係。水與林木的關係，還有一個深層次的問題，就是人工林木不如原始林木。國家環保局生態部主任莊國泰說，人工植樹雖然可以緩解水土流失問題，但是它的作用遠遠比不上原始森林，野生林木是一個複雜的生態系統。人造樹林不可能像原始森林那樣吸納那麼多的雨水，因此，保護野生林木尤其重要。這是現代人對水與林木關係的更深入的理解。

明朝閻繩芳在《鎮河樓記》（覺羅石麟《山西府志》卷二十九）中對昌源河環境變遷作了對比，說明了森林對保持水土的重大作用。說：「東南麓臺上下諸山，正德前樹木叢茂，民寡開採。山之諸泉匯為盤汜水，而為昌源河。嘉靖初……南山之木採無虛日，而土人利之濯濯以為田，尋株尺櫱必鏟削無遺。天若暴雨，水無所礙，朝落南山，而夕即平壤；延漲沖決，流無定所。」

清代梅曾亮在《記棚民事》（收入《柏梘山房文集》卷十）中，對森林的作用，對亂開荒的危害，做了生動的描述，曰：「未開之山，土堅石固，草樹茂密，腐葉積數年可二三寸，每天雨從樹至葉，從葉至土、石，歷石罅滴瀝成泉，其下水也緩，故低田受之不為災。而半月不雨，高田猶受其浸溉。今以斤斧童其山，而以鋤犁疏其土，一雨未畢，沙石隨下，奔流注壑，澗中皆填污，不可貯水，畢至窪田乃止。及窪田竭，而山田之水無繼者。是為開不毛之土而病有穀之田，利無稅之傭，而瘠有稅之戶也。」

清末，陶保廉在《辛卯侍行記》中，對祁連山水源林遭到破壞後的惡果深表哀傷，說：「甘州（今甘肅張掖）少雨，特祁連山積雪以潤田疇。蓋山木陰森，雪不驟化，夏日漸融，流入弱水，引為十二渠，利至溥也。」後來因派兵在那裡採伐木材作電線杆，摧殘太甚，樹木消損「無以蔭雪，稍暖遽消，即虞氾濫；入夏無雨，又虞旱嘆。怨咨之聲，徹於四境。」幾天工夫可以把一個好環境破壞殆盡，而要再把破壞了的環境恢復過來，治理好，卻要幾十年、幾百年。

明代，人們已知開採煤礦有毒，採取了避免毒氣傷害的措施。在李時珍的《本草綱目・石部・石炭》中講到開採煤礦時，「人有中煤氣毒者，昏瞀至死。」在宋應星的《天工開物・燔石》中已有排除煤礦井下毒氣的設施：「初見煤端時，毒氣爍人。有將巨竹鑿去中節，尖銳其末，插入炭中，其毒氣從竹中透上，人從其下施钁拾取者。」這是用竹筒來排除煤礦井中的瓦斯氣體。

在《天工開物・燔石》中，宋應星進一步闡述了陳承關於煉砷對人體傷害的後果，說：「燒砒之人經兩載即改徙，否則須發盡落。此物生人食之五厘立死。」

李時珍在《本草綱目》卷八中談到鉛礦對工人的毒害：「鉛生山穴石間，人挾油燈，入至數里，隨礦脈上下曲折斫取之，其氣毒人，若連夜不出，則皮膚痿黃，腹脹不能食，多致疾而死。」

清代，採礦、冶煉生產規模擴大，對環境的污染自然比前代或古代嚴重很多。屈大均在《廣東新語・貨語》中說，廣東煉鐵爐的火焰燭天，「黑濁之氣，數十里不散」。而寧夏中山衛因燒煤炭炊爨，「障目籠霧，至冬春則數里不見城郭。」（乾隆《中衛縣志》）

清末，沈日霖在《粵西瑣記》中談到開礦對環境的污染，說：「開礦之役，其利有三，其害亦有三。上而裕國，下而利民，中而惠商，此三利也。然而開山設廠，每不顧田園廬墓之礙，而且洗煉礦砂之信水，流入河中，凝而不散，膩如脂，毒如鴆，紅黃如丹漆，車以糞田，禾苗立殺，其害一。又開礦之役，非多人不足以給事，每一廠不下百數人，奸宄因而託跡，么麼得以乘機禍，其害二。又開礦者，每在山腰及足，上實下虛，勢必崩塌。昔年回頭山穿穴太甚，其山隆然而倒，數百人窀穸其中。長平之坑，不加其酷，況乎砂非正引，土性鬆浮，隨掘隨塌，更屬可危。則礦而冢也，匠而鬼也。利藪而禍坑也，不亦大可哀乎！其害三。」

他講的這三害，其中一害是社會問題，屬於社會環境；其餘兩害是自然環境問題，至今仍然存在。沈日霖的分析，看法都是很對的。在發展經濟、開礦取寶的同時，要注意它對環境的污染與破壞，防止環境惡化給人類帶來災禍。沈日霖沒有談治理環境問題，這是因為他那個時代還不可能談，沒有這方面的科學技術基礎，也沒有這方面的要求。現在則不同了，開礦形成的污染必須進行治理，不然對人類的危害就太大了。

二、中國歷代的環境保護法規

中國歷代環境保護法規的產生跟易學的節制觀念有關，要節制，就得有法規，沒有法規，談節制就成了空談，節制不了。

節制、節約的觀念，傳說黃帝時代就有了。據《史記·五帝本紀》的記載，黃帝要求部落「節用水火材物」。《史記正義》對此的解釋是：「言黃帝教民，江湖陂澤山林原隰皆收採禁捕以時，用之有節，令得其利也。」傳說帝嚳也曾號召部落成員，「取地之材而節用之」。

前面第二章第五節已經講過，中國第一個階級社會夏朝已有了保護自然資源的法規，曰「禹之禁」，這種禁令就是我國最早的環境保護法規。

據《韓非子·內儲說上》記載，商代已有不得隨意傾倒垃圾的法律：「殷之法，刑棄灰於道者。」「殷之法，棄灰於公道者斷其手。」處罰很重，反映了奴隸主對奴隸的殘酷統治。

西周頒布了《伐崇令》（見《全上古三代秦漢三國六朝文》卷二引《說苑·指武》），這是中國古代較早的保護水源、動物和森林的法令，具體內容前面已經講了，處罰十分嚴厲。

秦國商鞅變法，他制訂的秦律中有「棄灰於道者被刑」（《史記·商君列傳》集解）的條文，是商朝法律的延伸。

一九七五年湖北雲夢睡虎地出土的秦律竹簡條文中，有《田律》、《廄苑》、《倉律》等近二十個標題。在《田律》中有環境保護、自然資源保護的內容。寫道：

春二月，毋敢伐材木山林及雍（壅）堤水。不夏月，毋敢夜草為灰，取生荔、

> 麛卵彀，毋……毒魚鱉，置井罔（網），到七月而縱之。惟不幸死而伐綰椁者，是不用時。邑之所（近）皂及它禁苑者，麛時毋敢將之以田。百姓犬入禁苑中而不追獸及捕獸者，勿敢殺；其追獸及捕獸者，殺之。河禁所殺犬，皆完入公；其他禁苑殺者，食其肉而入官。

這段話含有十個內容：第一，春天二月，禁止到山林中去砍伐樹木；第二，不許堵塞水道；第三，不到夏季，不准燒草作肥料；第四，禁止採集剛剛發芽的植物；第五，禁止捕捉幼小的野獸或撿拾鳥蛋及幼鳥；第六，禁止毒殺魚鱉；第七，不許設置陷阱和網罟捕捉鳥獸，這條禁令到七月才解除。第八，居住地離養牛馬的皂（差役）和其他禁苑近的人，在幼獸生長時，不得帶獵犬去打獵。第九，百姓的獵犬進入禁苑，如不曾追捕或傷害苑中野獸時，不得隨便處死獵犬。第十，在設有專門警戒的區域內打死獵犬，要將狗的尸體完整地上交官府；如果是在其他禁苑中打死獵犬，則吃掉犬肉，只上交狗皮。

《田律》在保護自然資源時，強調一個「時」字，發必有時，取必以時。這是戰國時期環保思想中「禁發以時」的先聲。《田律》是迄今為止我國發現的最早的有關自然資源保護的法律文獻實物❾。

漢代的法律形式有律、令、科、比，律已亡佚，少數律文在史書中引用，如《風俗通》中有「不得屠殺少齒」的律文，是保護幼小動物的。令即皇帝發布的詔令，在史書中保留了一部分有關環境保護方面的詔令。如：

漢武帝元封六年（前一〇五）春正月詔令：「無伐草木。」一詔令：「朕巡於北近，見群鶴留止，以不網羅，靡所獲獻。」（《漢書・武帝紀》）

漢宣帝元康三年（前六三）夏六月詔：「令三輔毋得以春夏摘（抓）巢探卵，彈射飛鳥，具為令。」（《漢書・宣帝紀》）

漢元帝初元三年（前四六），下詔告誡百官，「毋犯四時之禁。」（《漢書・元帝紀》）

東漢章帝元和二年（八五），詔曰：「方春生養，萬物莩甲，宜助萌陽，以育時物。」（《後漢書・章帝紀》）

元和三年（八六）二月乙丑，敕侍御史、司空曰：「方春，所過無得有所伐殺。車可以引避，引避之；騑馬可輟解，輟解之。《詩》云：『敦行行葦，牛羊勿踐履。』《禮》，人君伐一草木不時，謂之不孝。俗知順人，莫知順天。其明稱朕意。」（《後漢書・章帝紀》）

漢代針對盜伐陵木，偷獵禁區動物等制訂了嚴格的法律。

《三輔舊事》載：「漢諸陵皆屬太常，又有盜柏者，棄市。」（《太平御覽》卷九五四引。）

《漢功臣表》載：「元鼎四年（前一一三），嗣侯張拾坐入上林謀盜鹿。」

偷上林苑的鹿要坐牢，盜伐漢陵墓中的柏樹，要殺頭棄市，處罰相當嚴厲。

漢代，有些地方缺水，為了能夠公平合理的利用水資源，政府制訂了法令。南陽太守召信臣「為民作均水約束，刻石立於四畔，以防分爭。」（《漢書・召信臣傳》）這是合理分配水資源的地方行政法規。

三國時，曹操曾頒布軍令，「軍行不得斫伐田中五果（桃李杏栗棗）、桑、柘、棘。」（《通典》引魏武軍令）

魏明帝曹睿把河南滎陽周圍劃為禁獵區，不許人們隨意狩獵，犯禁者嚴懲。《三國志・魏志・高柔傳》載：「是時殺禁地鹿者，身死財產沒官，有能覺告者，厚加賞賜。」「劉龜竊於禁內射兔，其功曹張京詣校事言之。帝匿京名，收龜付獄。」這些法規對保護當時曹魏地區的生態環境是有積極作用的。

南北朝時期，雖然是南北分裂割據的時代，但各地比較有遠見的統治者仍能注意環境保護，注意在開發的同時，也要保護自然資源。

元嘉三十年（四五三）七月，宋孝武帝詔曰：「水陸捕採，各順時月。官私交市，務令優衷。其江海田池公家規固者，詳所開弛。」（《宋書・孝武帝紀》）意思是說，百姓進山砍伐，下水捕撈，都要有一定的時間，要遵守時禁。在國家所有的江、海、田、池等處要具體規定開禁的時間。

大明七年（四六三）七月，宋孝武帝再次下詔，重申保護自然資源的法規。詔曰：

「前詔江海田池，與民共利。歷歲未久，浸以弛替。名山大川，往往占固。有司嚴加檢糾，申明舊制。」（《宋書．孝武帝紀》）事隔十年，定時開禁的制度鬆弛甚至被廢，許多名山大川的資源被私人占有。宋孝武帝命令主管部門進行一次嚴格的檢查，糾正不按時禁伐的錯誤，仍按十年前的規定執行。

神瑞二年（四一五）北魏明元帝拓跋嗣敕有司勸課留農者曰：「人生在勤，勤則不匱……教行三農，生殖九穀；教行園囿，毓長草木；教行虞衡，山澤作材；教行藪牧，養蕃鳥獸」（《魏書．食貨志》）。這是鼓勵人們勤奮生產，開發自然資源，發家致富。

永平二年（五〇九）冬十一月，北魏宣武帝下令，「詔禁屠殺含孕，以為永制。」（《魏書．世宗紀》）就是說，禁止屠殺已懷孕的母獸，並作為永久的制度。

北齊天保八年（五五七）夏四月庚午，「詔諸取蝦蟹蜆蛤之類，悉令停斷，惟聽捕魚。乙酉，詔公私鷹鷂俱亦禁絕。」天保九年（五五八）二月詔：「限仲冬一月燎野，不得他時行火，損昆蟲草木。」（《北齊書．文宣帝紀》）

隋、唐統一的政治局面，對環境保護是有利的。隋朝開鑿的大運河，不僅改善了當時的水上交通環境，而且改善了運河兩岸人民的生產、生活環境，是一項規模巨大的環境工程。在環保法制方面，除唐律外，還有皇帝的詔令，內容包括自然資源保護，植樹造林和城市環保等。

《大唐六典·尚書工部》載：

虞部郎中、員外郎掌天下虞衡山澤之事而辨其時禁。凡採捕畋獵，必以其時。冬春之交，水蟲孕育，捕魚之器不施川澤。春夏之交，陸禽孕育，餧獸之藥不入原野。夏苗之盛，不得蹂藉。秋實之登，不得焚燎。凡京兆、河南二都，其近為四郊，三百里皆不得弋獵採捕。凡五岳及名山，能蘊靈產異，興雲致雨，有利於人者，皆禁其樵採。

這裡強調了採伐有時，四季有不同的保護措施，有重點保護地區，比較完備。為了保護動物資源，《唐大詔令集·禁弋獵敕》載：

春夏之交，稼穡方茂，永念農作，其勤如傷，況時屬陽和，令禁麛卵，訢以保茲懷生，下遂物性，近聞京畿之內，及關輔近地，或有豪家，時務弋獵，放縱鷹犬，頗傷田苗，宜令長吏常切禁察，有敢違令者，捕繫以聞。

《新唐書·百官志》講到虞部的職責時，說：

虞部：凡郊祠神壇，五岳名山，樵採、芻牧皆有禁，距壝三十步外得耕種，春夏不伐木。京兆、河南府三百里內，正月、五月、九月禁弋獵。

此外，唐朝各代還有一些不同內容的環保詔令，如：

唐高宗咸亨四年（六七三）閏五月詔：「禁作簺（《類篇》云，編竹木斷水取魚也。）捕魚、營圈取獸者。」（《新唐書·高宗紀》）

唐玄宗時，詔令較多，主要是保護鯉魚和重點地區的林木以及人工植樹等。

「開元三年（七一五）二月，禁斷天下採捕鯉魚。」（《舊唐書・玄宗本紀》）

「開元四年（七一六）二月，驪山禁斷樵採。」（《舊唐書・玄宗本紀》）

「開元十三年（七二五）十一月，泰山近山十里，禁其樵採。」（《舊唐書・玄宗本紀》）

「開元十九年（七三一）正月己卯，禁採捕鯉魚。」（《舊唐書・玄宗本紀》）

「開元二十八年（七四〇）正月，兩京路及城中苑內種果樹。」（《舊唐書・玄宗本紀》）

唐代宗大曆十三年（七七八）十月詔：「禁京畿持兵器捕獵。」（《新唐書・代宗紀》）

唐代對水資源的合理使用也有法規。《唐律疏議》曰：「諸盜決堤防者，杖一百；（謂盜水以供私用，若為官檢校，雖供官用，亦是。）若毀人家及漂及財物，贓重者，坐贓論；以故傷人者，減鬥殺傷罪一等，若通水入人家，致毀害者，亦如之。」《唐六典》也說：「凡水有灌溉者，碾磑不得與爭其利……凡用水自下始。」這就是說，灌溉用水優先，水利加工機械用水靠後。而《水部式》是唐朝政府管理水利的制度，規定大型灌溉渠系上設閘門，調控用水，按比例分水輪灌，計劃用水，節約用水。全年考核，獎功罰過，內容相當完備。

《唐律疏議》還有關於對盜伐林木和造成火災者給予處罰的法規：「毀伐樹木、稼穡者，準盜論。」

> 諸盜園陵內草木者，徒二年半。盜他人墓塋內樹者，杖一百。諸於山陵兆域內失火者徒二年，延燒林木者流二千里。

關於城市環境保護也提到了法律高度，《唐律疏議》的法律條文規定：

> 其穿垣出穢污者，杖六十；出水者，勿論。主司不禁，與同罪。

唐玄宗針對長安、洛陽的環境衛生問題，下詔：

> 京、洛兩都，是惟帝宅，街衢坊市，固須修整。比聞取穿掘，因作穢污阬塹，四方遠近，何以瞻矚？頃雖處分，仍或有違，宜令所司，申明前敕，更不得於街巷穿坑取土……（《唐會要・街巷》）

五代十國雖然處於分裂割據的局面，但各個割據政權仍然關注環境保護，制訂了法規。據《五代會要》記載，石敬瑭曾下敕：「其岳鎮海瀆廟宇，宜各令修葺，仍禁樵採。」

後周顯德三年（九五六）六月，周世宗針對國都開封存在的環境問題下詔：「近建京都，人物喧闐，閭巷隘陋，雨雪則有泥濘之患，風旱則多火燭之憂。每遇炎熱相蒸，易生疾疹。近者開廣都邑，展引街坊，雖然暫勞，終獲大利。朕自淮上，迴及京師，周覽康衢，更思通濟，千門萬戶，靡存安逸之心，盛暑隆冬，倍減寒燠之苦。其京師城內街道，闊五十步者，許兩邊人戶，各於五步內，取便種樹掘井，修蓋涼棚，其三十步以下至二十五步者，各與三步，其次有差。」（《五代會要・道路》）

宋代的環境保護法規，許多是以敕令形式公布。據《宋大詔令集》載，宋太祖趙匡胤曾下詔：

鳥獸魚蟲，俾各安於物性，置罘羅網，宜不出於國門，庶無胎卵之傷，用助陰陽之氣，其禁民無得採捕蟲魚，彈射飛鳥，仍永為定式，每歲有司具申明之。

宋太宗趙炅的詔書是：

方春陽和之時，鳥獸孳育，民或捕取以食，甚傷生理而逆時令，自宜禁民，二月至九月無得捕獵……州縣吏嚴飭里胥，伺察擒捕，重置其罪，仍令州縣於要害處粉壁，揭詔書示之。

宋真宗趙恆於大中祥符四年（一〇一一）下詔：

火田之禁，著在《禮經》，山林之間，合順時令。其或昆蟲未蟄，草木猶蕃，輒縱燎原，則傷生類。諸州縣人畬田，並如鄉土舊例，自余焚燒野草，須十月後方得縱火。其行路野宿人，所在檢察，毋使延燔。（《宋史・食貨志上》）

北宋用植樹固堤的方法來防止河堤潰決。宋太祖建隆三年（九六二）十月詔：「緣汴河州縣長吏，常以春首課民夾岸植榆、柳，以固堤防。」（《宋史・河渠志》）宋徽宗政和八年（一一一八）三月詔：「滑州、濬州界萬年堤，全借林木固護堤岸，其廣行種植以壯地勢。」（《宋史・河渠志》）南宋孝宗為了鞏固海塘，也令「築華亭捍海塘堰，趁時栽種蘆葦，不准樵採」。（《宋史・河渠志》）

宋真宗天禧元年（一○一七）十一月詔「淮、浙、荊湖治放生池，禁漁採。」（《宋史・真宗紀三》）放生池一般是佛教倡導設置的，唐宋時期，儒、釋、道互相交融，因此，佛教的「好生惡殺」觀念也深入到統治階級中，出現了宋真宗治放生池的詔令，這對保護動物資源是有益的。

宋朝重視湖泊在環境中的作用，制訂了一些保護湖泊的法規，《宋史・食貨志上》載，南宋紹興五年（一一三五），江東帥臣李光言：

> 明、越之境，皆有陂湖，大抵湖高於田，田又高於江、海。旱則放湖水溉田，澇則決田水入海，故無水旱之災。本朝慶曆、嘉祐間，始有盜湖為田者，其禁甚嚴。政和以來，創為應奉，始廢湖為田。自是兩州之民，歲被水旱之患。餘姚、上虞每縣收租不過數千斛，而所失民田常賦，動以萬計。莫若先罷兩邑湖田。其會稽之鑑湖、鄞之廣德湖、蕭山之湘湖等處尚多，望詔漕臣盡廢之。

《宋史・河渠志七》載：「乾道九年（一一七三），臨安守臣言：『西湖冒佃侵多，葑菱蔓延，西南一帶，已成平陸。而瀕湖之民，每以葑草圍裹，種植荷花，駸駸不已。恐數十年後，西湖遂廢，將如越之鑑湖，不可復矣。乞一切芟除，務令淨盡，禁約居民，不得再有圍裹。』從之。」由於南宋以來的禁令執行得好，故西湖至今仍存秀容，能欣賞她的美貌。由此可見法制在環境保護中的重要地位。

從《元史・刑法志》中可知，元朝有關環境保護的法律條文大致有三個方面的內容：

一是水利、橋梁工程的保護，「諸有司橋梁不修，道途不治，雖修治而不牢強者，按治及監臨官究治之。諸有司不以時修築堤防，霖雨既降，水潦並至，漂民廬舍，溺民妻子，為民害者，本郡官吏各罰俸一月，縣官各笞二十七，典史各一十七，並記過名。」

二是文化古跡的保護，「諸岳瀆祠廟，輒敢觸犯作踐者，禁之。諸伏羲、媧皇、堯、舜、禹、湯、后土等廟，軍馬使臣敢沮壞者，禁之。諸名山大川寺觀祠廟，並前代名人遺跡，敢拆毀者，禁之。」

三是生物資源的保護，「諸每月朔望二弦，凡有生之物，殺者禁之。諸郡縣歲正月五月，各禁宰殺十日。」此外，元朝有許多禁止打獵的詔令，起到了一些保護野生動物的作用。元代已十分重視城市用水衛生，據《元史・河渠志一》載，元世祖時，禁止在金水河洗手，英宗至治二年（一三二二）五月，針對金水河污染的情況，敕云：「昔在世祖時，金水河濯手有禁，今則洗馬者有之，比至秋疏滌，禁諸人毋得污穢。」

從《元史・河渠志二》的記載來看，元朝統治者已注意了湖泊的調水作用，制訂了保護湖泊的政策法規。如鎮江的練湖，「元有江南之後，豪勢之家於湖中築堤圍田耕種，侵占既廣，不足受水，遂致氾濫。世祖末年，參政暗都剌奏請依宋例，委人提調疏治，其侵占者驗畝加賦。」

又如澱山湖，元世祖末年，參政暗都剌言：「此湖在宋時委官差軍守之，湖旁餘地，不許侵占，常疏其壅塞，以泄水勢。今既無人管領，遂為勢豪絕水築堤，繞湖為田。湖狹不足儲蓄，每遇霖潦，氾溢為害。」元成宗時，議定按宋朝的辦法，派軍隊屯守，修治河渠圍田。

明朝對有歷史意義的名人廟宇加以保護，據《大明會典》記載，洪武二十六年（一三九三）朱元璋下令：「凡歷代帝王、忠臣、烈士、先聖先賢、名山岳鎮、神祇，凡有德澤於民者，皆建廟立祠，因時致祭，各有禁約，設官掌管，時常點視，不許軍民於內作踐、褻瀆……」

為了保護珍禽異獸，明武宗於正德十六年（一五二一）下詔：「縱內苑禽獸，令天下毋得進獻。」（《明史・武宗紀》）明穆宗隆慶元年（一五六七）夏四月，「禁屬毋獻珍禽異獸。」（《明史・穆宗紀》）

明太祖朱元璋多次下令，要老百姓植樹，「天下百姓務要多栽桑棗，每一里種二畝秧，每一百戶內共出人力種樹苗，每戶栽樹初年二百株，次年四百株，三年六百株。栽種過數日，造冊回奏，違者發雲南金齒充軍。」（《大明會典》）

對城市環境，《大明律》規定：

凡侵占街巷道路而起房蓋屋以及為園圃者，杖六十，各令復舊。其穿牆而出穢污之物於街巷者笞四十。……京城內外街道，若有作踐掘成坑壩，淤塞溝渠，蓋房侵占，或傍城使軍車，撒牲口，損壞城牆……御道基盤者，問其罪，枷號一個月。

嘉靖年間，明世宗曾下令：「京城內外，勢豪軍民之家，侵占官街，填塞溝渠者，聽各巡視街道官員同勘實究治。」

清代，據《清史稿・食貨志》載，「咸豐元年（一八五一），浙江巡撫常大淳奏言：『浙江棚民開山過多，以致沙淤土壅，有礙水道田廬。請設法編查安插，分別去留。』如所議行」。

這就是說，過量的開墾山地，會造成水土流失，破壞江河水道暢流，毀壞田地村莊，故採取分散棚民，安插別處的辦法，以保護山林自然環境。

清朝對湖泊的保護比較重視，乾隆九年（一七四四），要求浙江疏浚上虞的夏蓋湖，餘姚的汝仇湖，這兩湖「關係水利，應使之寬深容納」，「庶旱潦有資，蓄泄無礙。」對其他地方的湖泊，要求「凡有湖蕩之地，詳加查勘。除已經報墾地畝外，其餘蓄水之處劃明界限，不許再行開墾。」（《清會典事例》卷一六六，《戶部・田賦》。）

乾隆十一年（一七四六）下令：「官地民業，凡有關水道蓄泄者，一概不許報墾。倘有自恃己業，私將塘池陂澤改墾為田，有礙他處民田者，查出重懲。」乾隆二十八年

（一七六三）湖南地方官在奏章中指出：洞庭湖「若再築圍墾田，必致湖面愈狹，漫溢沖決」，要求「永禁新添」垸田（（清）孫炳煜等，《華容縣志》卷二，《堤垸》）。

清政府對這個請求予以批准，這是一個有遠見的措施。其所以要如此做，是因為「洞庭一湖為川黔粵楚眾流之總匯，必使湖面廣闊，方足以容納百川，永無潰溢。乃瀕湖居民狃於目前之利，圈築圩田，侵占湖地，而地方官又往往意存姑息，不行禁止」，這樣下去，危害極大。因此，地方官必須加強查勘，嚴禁私垸（（清）賀熙齡：《請查瀕湖私垸永禁私築疏》，《皇朝經世文續編》卷九八）。不僅是洞庭湖要禁止圍湖造田，而且要在全國禁止占墾水面。乾隆四十七年（一七八二）下詔：「此後河南、山東、江南、直隸等省，凡屬濱河堤內灘地，該督撫河臣必當嚴切查禁，毋許再行居住占種。如有侵占灘地，阻遏水道者，惟該督撫河臣是問。」（《清會典事例》卷一六六、《戶部·田賦》）這種禁止與水爭地的法規是很不錯的。

在當今社會人與水爭地非常嚴重的情況下，清朝的禁止與水爭地的法規具有很強的現實意義，各級政府應該借鑒。

清朝關於保護城市環境的法規與明朝類似，如穿牆排污水，棄垃圾者要鞭笞四十。順治元年（一六四四），世祖下令，溝渠歸街道廳管理，北京城內外溝渠，應該按時疏浚，如有人淤塞溝道，送刑部治罪。此後，康熙、乾隆、嘉慶、道光等朝，均對京城排水系統下詔修繕疏通[10]。

【註釋】

❶《文物》一九八四年二期第九十四頁。
❷羅桂環等主編：《中國環境保護史稿》第三十頁，中國環境科學出版社，一九九五年。
❸羅柱環、舒儉民：《中國歷史時期的人口變遷與環境保護》第一〇〇頁，冶金工業出版社，一九九五年。
❹高至喜：《牛燈》，《文物》一九五九年第七期。
❺《考古》一九七二年二期八頁。
❻《文物》一九八七年六期一頁。
❼《考古》一九八九年十一期九百八十一頁。
❽《文物》一九七九年七期九十二頁。
❾羅桂環等主編：《中國環境保護史稿》第五十一頁，中國環境科學出版社，一九九五年。
❿羅桂環等主編：《中國環境保護史稿》第七十八頁，中國環境科學出版社，一九九五年。

第五章　面對中國嚴峻的環保形勢，借鑒歷史經驗進行治理

前面講的許多環保歷史經驗都是可以而且應該借鑒的。當今中國面臨的環保形勢非常嚴峻，這固然有自然界發展的必然因素，但許多是人為因素造成的。

目前中國生態環境整體惡化，嚴重影響並制約著中國經濟持續、健康發展，嚴重影響了中華民族的生存發展。江澤民主席指出：「必須從戰略的高度深刻認識處理好經濟發展同人口、資源、環境的關係的重要性，把這件事關中華民族生存和發展的大事作為緊迫任務，堅持不懈地抓下去。」「實現跨世紀的環保目標，必須抓好防治污染和保護生態環境兩方面的工作。」❶

一、水環境形勢

中國水資源總量為二・八萬億立方米，其中地表水二・七萬億立方米，地下水〇・八三萬億立方米。扣除地表水與地下水相互轉換、互為補給的重複部分〇・七三萬億立

方米，實際地下水只有〇．一萬億立方米。水資源總量位居世界第六位，但人均占有量只有二千一百五十立方公尺，約為世界人均的四分之一，美國的六分之一，居世界第一百二十一位，是世界上十三個最貧水國家之一。到下個世紀中葉，中國按十六億人口計算，淡水資源短缺的形勢將更加嚴峻❷。

㈠江　河

中國百分之八十的江河湖泊受到了不同程度的污染，淮河、海河、遼河、太湖、滇池、巢湖等成為重災區。水資源的污染，給人類健康帶來了嚴重的危害，十多種癌症，二十多種疾病的發生與飲用水不潔直接相關。飲用水的水質還與兒童身體和智力發育有關。

中國的大江大河除了有水災外，還有水被污染造成的災害。全國七大河流十萬公里河長已有一半被污染，其中四萬公里不符合漁業水質標準，二千四百公里河長魚蝦滅絕。海河受污染的河長達百分之六十二．三。全國百分之九十以上的城市水域受到不同程度的污染，百分之七十八的城市河段不適宜作飲用水源。

㈡湖　泊

目前全國主要湖泊的百分之二十六已經達到富營養化，三分之一水庫的水質受到不同程度的污染。對調節洪水有重要作用的鄱陽湖和洞庭湖，由於泥沙淤積，圍湖造田，以致日趨萎縮。洞庭湖早已不是當年的八百里洞庭了，而是一條名符其實的洞庭河。據九三學社成員、高級工程師侯海濤講，鄱陽湖八〇年代面積比五〇年代淨減百分之四十一・九，洞庭湖淨減百分之四十・一五。由於湖泊迅速縮小，使年調節水能力喪失三百五十億立方公尺。如此下去，用不了多久，兩個湖泊將在中國版圖上消失❸。

洞庭湖每年泥沙淤積達一億立方公尺，蓄水面積由一八二五年的六千平方公里減少到一九四九年的四千三百五十平方公里和目前的二千一百四十五平方公里。調蓄減少約一百億立方公尺。已從建國初期的第一淡水湖退居第二，行將位於太湖之後，排行第三。

自二十世紀五〇年代開始圍湖造田，僅長江中下游地區就有一・三萬平方公里的湖泊被圍墾，這相當於鄱陽湖、洞庭湖、太湖、洪澤湖和巢湖五大淡水湖面積總和的一・三倍。圍墾結果使江漢平原湖群數量從二十世紀初的一千零六十六個減少到二十世紀八〇年代的三百零九個；湖泊面積從八千三百三十平方公里減少到八〇年代的二千九百八十三平方公里；調蓄量減少了七十五億立方公尺。在太湖流域，也有一百六十五個湖泊消失。

在內陸湖泊中，羅布泊、居延海已經乾枯，其他如西藏、新疆、內蒙古等地區的湖泊面積也逐漸縮小。素有「千湖之稱」的青海瑪多縣，境內大小湖泊已從四千多個減少到二千個，湖泊水位普遍下降二公尺，湖面收縮。中國最大的內陸淡水湖——新疆博斯騰湖正在變鹼，一九九七年測試其水礦化度為一．三十克／升，已屬微鹼湖。而四〇年前的測試是〇．三九克／升，屬淡水。不僅如此，水位也下降，湖邊濕地面積銳減。蘆葦面積縮小了一半，產量不足過去的四分之一，質量也明顯下降。

由於水質污染，巢湖、滇池、太湖甚至千島湖每年均爆發藍藻。太湖治污難度很大，應建污水處理廠三十三個，只建成二個，十四個在施工，其餘十七個未見行動。沿湖有關市縣對建設污水處理廠認識不到位，故資金未能到位。重點水域禁行燃油機船的規定也落實不了，照樣往來穿行。

水污染使巢湖魚類大量死亡，許多漁民被迫下崗轉業。治污工作同樣難度很大。一九九八年十一月十四日，安徽省環保局發布了對日排污水一百噸以上的一百零九家工業企業和巢湖市的十四家企業必須於一九九八年底達標排放。然而這些規定不起作用，有的逾期不整改，有的按兵不動，水質繼續惡化。

我國北方最大的淡水湖微山湖，現在每天必須接納來自四省三十二個市區縣的工業和生活污水，總量達七十一萬噸。魚類死亡，漁民被迫下崗，另謀生路。山東昭陽湖水也嚴重污染，魚蝦大量死亡，幾十種魚類、水生植物也慢慢絕跡，蘆葦大片死去，岸邊的沙堤村已被黑臭的污水包圍，二萬畝湖面已遭滅絕之災，百姓生病增多。

㈢海 洋

我國的海洋環境也堪憂。素稱「天然魚池」的渤海，污染面積已達五萬平方公里，占總面積的百分之六十四。經濟魚類早已不成汛，生物種類急劇減少，生態系統加速退化。長此下去，渤海將變成死海。一九八九年的一次赤潮，覆蓋了河北、山東、遼寧及天津四省市，造成蝦類養殖業全軍覆沒，經濟損失達二億元。一九九八年下半年的赤潮，面積為五千多平方公里，持續時間從八月中旬到十一月底，直接經濟損失五億多元❹。（見圖五—一）

海南島周圍及其以南的南海，由於炸珊瑚礁燒石灰，使得能抵禦海潮、浪濤的海底珊瑚毀滅，造成海浪長驅直入，沖蝕沙灘。文昌市邦塘灣海岸因此每年以二十公尺的速度後退，生態遭到破壞，沿岸椰林被海水吞沒，以珊瑚礁和椰林為特色的熱帶風光蕩然無存。航道變淺變窄，海上交通受到嚴重影響。目前，

圖 5-1　赤潮殺手❺

海南島沿岸的珊瑚礁已經被破壞了百分之八十。

我國近海海域污染物主要是氮、磷等營養鹽類，特別是遼東灣、渤海灣、萊州灣、長江口、杭州灣、珠江口、大連灣、膠州灣、深圳灣等。海水質量下降，海水中氮、磷含量普遍超標，富營養化現象十分嚴重，造成赤潮不斷發生，頻率越來越高，規模越來越大，持續時間越來越長，對海洋資源和生態環境的損害也越來越嚴重。個別海域甚至出現了酞酸脂類和多環芳烴類等難降解有機污染物，這是國際上十分關注的環境污染物。

由於過度捕撈，舟山漁場在二十世紀七〇年代中期大黃魚、小黃魚、烏賊已形不成汛期，帶魚的汛期也是旺汛不旺。時至今日，大黃魚資源已嚴重衰退，近期內無恢復之望。帶魚、小黃魚產量雖有回升，但那主要是由於開闢了外海漁場之故。由於海水污染，對近海漁業和海水養殖構成了極大威脅。如嵊泗縣枸杞海域，一九八七年出現一次赤潮，一九八九年增至兩次，一九九〇年增至三次，一九九一年增至五次，造成大量海魚死亡，養殖的貝類、魚蝦經常發病。

在廣東沿海，由於過度捕撈，造成資源衰竭，帶魚的汛期沒了，其他魚類的汛期也消退。過度的捕撈，連幼小的魚仔魚孫也不放過，被網羅乾淨。不僅用網捕撈，還用電擊魚、炸藥炸魚，毒藥毒魚，濫漁酷捕，毫無節制❻。這種毫無節制的索取思想，與易學提倡的節制思想背道而馳，後果完全不一樣。

一九九七年廣東沿海地區工業廢水排放量已達八．四六億噸，占全省工業廢水排放量的百分之六十七。珠江口海區海水缺氧，對海洋生物的生存造成威脅。二十世紀六〇年代，廣東沿海紅樹林面積達二萬多公頃，現在因過度砍伐和開墾，僅存一．二萬公頃左右。一些港口和油碼頭沒有設置殘油、廢油和船舶污水處理設施，致使溢油等重大污染事故時有發生⑦。

㈣地下水

地下水環境惡化體現在兩個方面：一是超量開採，無節制；二是水污染。

全國各地對地下水的超量開採，使不少城市地面下沉。如北京、上海、天津、南京、無錫等。有的地區則因地下水超採而出現地裂縫、地面塌陷。河北平原因地下水超採出現大面積區域性地面沉降，唐山、秦皇島等地發生岩溶塌陷十多處，塌坑四百多個；邯鄲等三十多個縣市發生地面塌陷一日多處，地裂縫一百多條。關於北京市地面沉降的情況，前面第三章第二節已講了一些，此處不贅述。上海市由於地基下沉，魯迅紀念館只好重建。

地下水的超量開採必然會引起地下水位下降，地下水儲量減少，水質也變壞。

根據北京市水文總站的監測，北京平原地區的地下水埋深平均值為一三．二五公尺，比一九九八年下降一．五八公尺，比一九九六年同期下降二．八八公尺，比一九九八〇年初下降了六·八公尺。地下水儲量比一九八〇年累計減少了二八·二六億立方公尺。一九九八年北京地下水開採量為二七·〇四億立方公尺，比每年平均可開採量多二·五四億立方公尺。

自一九六六年邢臺地震後，北京地面正以每年十至二十毫米的速度下沉。在過去的四十年間，局部地區已下沉六百至七百毫米。目前全市規劃市區的二十二片中，有二十片的地下水處於超採或嚴重超採狀態。東北郊、西北郊、西南郊、垡頭、豐臺、石景山等地區超採量達百分之二十以上，有的達百分之五十以上。

山東龍口市造紙廠每天排放污水一·二萬噸，附近的黃河營村河水和地下水遭到嚴重污染，水井裡的水含有硝基苯（致癌物）和苯胺，無法飲用，農民被迫到三·五公里以外的地方取水。

有的地區，由於超量開採深層地下水，導致地下水含氟量增高，擴大了氟中毒病區範圍。全國各大城市堆放垃圾的地方，也會污染地下水，人畜飲用這種水輕的生病，嚴重的中毒死亡。

開礦形成的大量尾礦及固體廢棄物堆積，選礦後具有毒性和放射性的殘留藥劑，嚴重污染地表水和地下水，對農作物及人類健康造成巨大威脅。

二、土地環境形勢

我國耕地面積居世界第四位，人均耕地面積只有世界人均數的四分之一。我國水土流失面積達到三百六十七萬平方公里，約占國土面積的百分之三十八。全國平均每年新增水土流失面積一萬平方公里，減少耕地五百萬畝。全國三分之一的耕地受到水土流失的危害，每年流失的土壤約五十億噸，占世界全年總流失量的五分之一。荒漠化土地面積達二百六十二萬平方公里，占國土總面積的百分之二十七。草原退化、沙化和鹽鹼化面積達到一．三五億公頃，約占草地總面積的三分之一，每年還以二百萬公頃的速度在增加。二十世紀八〇年代以來，沙漠化土地擴展面積從五〇～七〇年代平均每年一千五百六十平方公里增加到二千一百平方公里。

全國因露天採礦、開挖，各類廢渣、廢石、尾礦直接破壞和侵占土地達一．四萬～二．〇萬平方公里，且每年以二百平方公里的速度遞增。河南平頂山市區共有二十二萬畝耕地，自一九九〇年以來，被小煤窯毀壞的就有四萬多畝。

土地荒漠化使十六億畝草場，一．二億畝耕地，一百五十萬畝林地嚴重退化，每年直接經濟損失五百四十一億元。一九九八年四月十八日發生在新疆的特強沙塵暴天氣，直接經濟損失逾十億元。荒漠化仍在肆虐，且有加重的趨勢。一些地區濫墾、濫牧、濫

圖 5-2　沙進我退，我進沙退❽

採、濫伐、濫挖藥材，使我國荒漠化面積仍以每年增加二千四百六十平方公里的速度擴展。（見圖五—二）

地處內蒙古、陝西、寧夏交界地區的毛烏素沙地，面積約四萬平方公里，涉及十個縣（旗、市），四十年間流沙面積增加了百分之四十七。林地面積減少了百分之七十六．四，草地面積減少了百分之十七。

此外，民勤綠洲的萎縮，塔里木河下游胡楊林和紅柳林的消亡，阿拉善地區草場的退化，梭梭林的消亡，表明我國荒漠化的形勢十分嚴峻。

土壤受污染，會使生產出來的糧食、蔬菜、水果也有污染，人不能吃，實際上是耕地減少。污染源有農藥、化肥、塑料地膜、工業污水、生活污水等。目前我國是世界上施用化肥最多的國家。過多施用化肥會嚴重污染環境，干擾自然界氮的良性循環，污染了大氣，損耗臭氧層，還會污染水體，危害人的健康。

塑料地膜碎片埋在耕作層中，有的捲成圓筒，有的滾成一團，有的包著土，更多的平鋪於耕作層，破壞了土壤結構，影響土壤的透氣性和作物的生長發育，種子播種在殘膜上會爛種或不發芽，有的發芽後因吸收不到水分而死。據測定，地膜種植三～五年的土地，玉米產量下降百分之十左右，棉花產量下降百分之十～百分之二十三。殘膜如果夾在秸稈上，牲畜吃了會死亡。（見圖五—三）

圖 5-3　白色污染❾

農藥、工業污水和生活污水污染土壤後，會使重金屬元素和有毒有機物累積在生物體中，危害人體健康。如廣州市近郊的一二四·一萬畝土地受鎘污染面積達百分之七十二·二，鉛污染面積占百分之九十七·五，銅污染面積占百分之八十三·五，砷污染面積占百分之六十四·六。結果稻穀中鎘的平均含量為清灌區的十八·八倍，鉛的平均含量為清灌區的二十四·二倍，氯的平均含量為清灌區的七倍。魚類中除含鎘、汞外，受有機物污染，許多難以降解的有毒有機物在魚體內累積，禽蛋類、水果、茶葉等也不能倖免，同樣受到不同程度的污染❿。

全國各地特別是沿海地區土壤鹽鹼化使耕地減少，有的耕地返鹽，嚴重影響產量。河套平原、山東黃河沿岸地區，由於大量引黃灌溉，加劇了土壤鹽鹼化。

土壤如果被大量人工合成的激素、農藥、滅菌劑、洗滌劑以及一些生產塑料的化工原料污染，污染物就會由食物轉移到人體中。由於它們大都具有與雌激素分子相似的化學結構，如ＤＤＴ、多氯聯苯和聚碳酸酯等，所以，會使男性精子的數量遞減，人類的繁衍生存將受到嚴重威脅⓫。另外，重金屬對糧食、蔬菜和水源的污染，同樣會導致男性性功能退化。重金屬是損害精子引起男性性功能衰退的元凶。

城市垃圾不僅污染水、空氣，也污染土地。全國垃圾年總量超過一億噸。城市垃圾平均每年增長百分之九·五。目前全國有二百座以上的城市處在垃圾包圍中，歷年堆存的生活垃圾量已達六十億噸，侵占了約五億多平方米的地面⓬。

三、空氣環境形勢

中國大氣污染日益加劇，全國五百多座城市，大氣質量達到一級標準的不到百分之一。中國最大的十個大氣受到污染的城市均排列在世界污染最嚴重的二十個城市之列，占百分之五十。中國城市空氣中懸浮微粒和二氧化硫大大高於世界衛生組織規定的標準，其中山西太原空氣中懸浮微粒的含量是世界衛生組織規定標準的八倍，濟南接近七倍，北京和瀋陽接近六倍。

二氧化硫的含量，重慶接近世界衛生組織規定標準的七倍，太原高出三倍。大氣的嚴重污染大大威脅到人們的身心健康和智力發展。

中國大城市每年有十七・八萬人死於污染引起的各種疾病。在農村，因用煤和柴草做飯、取暖，嚴重污染了室內空氣，導致每年有十一・一萬人死亡。酸雨現象則已可能使我國南部和西南部地區的莊稼和木材產量下降百分之三。

我國二氧化硫排放量居世界第一，酸雨發展速度驚人。受酸雨危害的土地面積已占國土面積的百分之四十，從西南向華東、華北推進。東部沿海也是酸雨區。華東沿海酸雨區北起青島，南至廈門，以廈門、福州、杭州、上海、南京等地為代表，pH年值在四・五～五・六之間，酸雨出現頻率在百分之三十～百分之七十之間，廈門、南京、杭州的酸雨頻率達到和接近百分之七十，有酸雨加重的趨勢。南方地區的酸雨範圍在緩慢擴大，從我國西南最嚴重的酸雨危害區，發展到華中、華東、華南幾個酸雨中心。目前華中的酸雨危害程度已超過西南地區。兩廣農作物減產面積占兩省耕地面積的百分之十一·二。重慶林區馬尾松百分之八十五受害，死亡率高達百分之三十五。重慶污染嚴重區肺癌死亡率比清潔區高出四·七倍，對人體健康方面造成的直接經濟損失達一千一百多億元⓭。

北京市每年燃煤排放煙塵二十三·五萬噸，二氧化硫三十四噸，一百四十萬輛機動車大量排放一氧化碳、碳氫化合物和氮氧化物。這些物質被人吸入體內，會產生嚴重的呼吸道疾病，肺癌和哮喘病發病率上升。此外，還會使人頭痛、眩暈，嚴重者導致死亡。北京是這樣，其他城市也如此。

我國城市空氣中所含的鉛，百分之六十五以上來自汽車。過量的鉛不僅損害人的神經系統和腎，還導致智商降低，兒童死亡率上升。目前我國因兒童鉛中毒所造成的損失已達一百三十六億元。

北京市每年有六千五百個工地，其揚塵貢獻率為百分之五十。加上燃煤和汽車尾氣排放的物質、工廠排放的工業粉塵等，導致北京大氣污染日趨嚴重。

一九九八年輕度污染占百分之四十六·二，中度污染占百分之三十二·七，重度污染占百分之一·九，良好的占百分之十九·二。污染程度居世界前十位，已接近健康人群所能承受的極限。

一九九八年冬季，北京上空籠罩著一個厚沉沉的污濁空氣層，形成了「黑鍋蓋」現象。它的形成是由二氧化硫、氮氧化物在大氣物理化學作用下，生成一種新生的細粒子在空氣中大量增加造成的。這種細粒子分布在從地面到八百公尺高的空氣中，是細菌、微生物、病毒和致癌物的載體，極易沉積於肺中，直接危害人的健康⓫。

距地球表面二十～五十五公里的大氣平流層中，有一層臭氧連續密集分布，這就是臭氧層。它吸收、阻斷殺傷力極強的宇宙射線、γ射線、χ射線和部分紫外線，加之大氣塵埃、水汽吸收和反射掉部分傷害性很強的短波紫外線，使到達地表的陽光只剩下波長為〇・二九～〇・三五微米的紫外線和可見光、紅外線等三種有益於人體健康的射線，免除了傷害性極強的短波紫外線對地球生命的危害，使得人類和各種動植物能無憂無慮地沐浴陽光，科學家譽之為「生命的內保護層」。一旦臭氧層稀薄化，甚至形成臭氧洞，則強烈的短波輻射長驅直入，危害生物有機體。

而在人口稠密的城市地區則由於臭氧塵埃的增多，進一步加劇空氣污染。當空氣中臭氧濃度達到〇・二五ppm～〇・三〇ppm時，可導致喘息及呼吸道疾病惡化，肺功能下降；升至〇・五ppm，視力變弱，肺泡擴散功能顯著降低，出現缺氧；達到一ppm～二ppm時，如反覆接觸，會導致肺氣腫；五ppm～一〇ppm時，則全身疼痛，並呈現麻醉狀態；如持續接觸，將導致肺氣腫。

臭氧對植物組織亦有較大危害，如濃度增加，作用時間長，可引起觀賞樹木和灌木嚴重受害甚至死亡。可見空氣一旦遭受臭氧污染，其後果是嚴重的。因此，對待大氣平流層中的臭氧層要保護，而大氣底層則不能讓臭氧污染，這是兩個不同的概念。

一九九八年十二月四日世界氣象組織在日內瓦宣布，南極上空的臭氧層空洞已持續一百天面積超過一千萬平方公里，而同年九月份的測量值是二千七百二十萬平方公里，比一九九三年大了五百二十萬平方公里⓯。地球上的臭氧空洞已增至五個，總面積近四千萬平方公里，占地球表面積近十分之一。所幸目前這些臭氧空洞均在南、北極和西伯利亞等無人區，否則，陽光中的紫外線會使人類和動物遭受滅頂之災⓰。

保護臭氧層刻不容緩。為了保護人類的生存環境，全世界採取聯合行動，限制並逐步根絕使用氯氟烴（ＣＦＣ），以保護臭氧層。一九九九年中國將凍結氯氟烴的生產和消費，因為它是破壞臭氧層的人工產物。

四、森林植被環境形勢

我國森林覆蓋率只有百分之十三．九二，相當於冀、魯、豫三省的總面積，只有世界平均水準百分之二十五的一半多點，列世界第一百一十一位。森林總面積二十億畝，在世界上排名第五，人均卻只有世界人均水準的六分之一，列世界第一百一十九位，而且分布極不均勻。人均擁有森林蓄積列世界第一百六十位之後⑰。森林植被少，水土流失嚴重，引發旱、澇、風、沙等自然災害頻繁，成為我國農業和整個國民經濟持續發展的一大禍患。

林業科學院院長江澤慧指出：森林的生態價值相當於其經濟價值的十至二十倍，中國森林的年水源涵養量為三千四百七十億噸，相當於全國現有水庫總容量四千六百億噸的百分之七十五。森林不僅能夠有效調節和涵養降水，減少地表徑流和表土水蝕，而且能夠減輕徑流速率，相應削減洪峰流量和流速⑱。

有人把森林稱為「綠色水庫」，具有調節流量的作用，洪水期流量能蓄積起來，枯水期又能釋放出來。以長江支流岷江流域為例，這裡的原始森林經過二十世紀五〇年代至七〇年代的採伐，森林覆蓋率平均下降了百分之十五～百分之二十，在此期間，岷江上游的洪水量卻增加了三十八．二七立方米／秒，枯水量減少一〇．八二立方米／秒。據重慶雲陽縣長江林場的調查，無植被的荒山荒地每平方公里對長江的輸沙量高達一．〇九萬噸，而林中每平方公里的輸沙量為〇．一一萬噸，兩者相差近十倍。森林對洪峰的最大削減量可達百分之五十左右。

在防止沙漠化方面，森林也有巨大的作用。以陝西靖邊縣馮家峁林場來說。它位於毛烏素沙漠南緣，面積十一萬畝，是長城防沙林帶的重要組成部分。它鎖住了沙龍南移，是一道防沙屏障。可是從一九九二年起，這片林場不斷被毀，亂砍濫伐累計達到二千多畝，給沙龍打開了一道缺口，周圍群眾生活和農作物受到嚴重侵害。在草原地區，有人用鋼絲耙子摟髮菜，挖甘草，每摟一百克髮菜就能破壞十畝草地，這十畝草地要十年才能恢復。在長江、黃河源頭，是一百五十萬平方公里的高寒草甸區，由於超載放牧，人為破壞以及鼠蟲災害，使得高寒草甸生態系統嚴重退化。長江上游地區農業開墾導致草地植被破壞。草甸的退化和草地植被的破壞，使長江上游的水土流失加劇。

隨著人類生產活動的加速，森林的大量破壞，水、空氣資源的污染，人類的捕殺，致使野生動物不僅是數量減少，而且種類也減少。一六〇〇年—一九〇〇年這三百年間，絕滅鳥類達九十種。川西原始森林遭破壞後，造成水質污染，環境惡化，生活在此地的大熊貓、金絲猴、盤羊、黑熊、野雞等二十多種國家一、二類保護動物難覓蹤跡。

五、城市環境形勢

關於城市環境形勢，前面有關章節中已提到一些，這裡再作一些補充說明。

全國城市首先碰到的環境問題是缺水。到一九九七年底。我國已有城市六百六十八個，而缺水城市有三百三十三個，將近一半，其中一百個城市嚴重缺水。首都北京是一個水資源匱乏的大都市，年缺水量在十億噸以上，人均擁有水資源只有三百立方米，僅為全國人均水量的七分之一，世界人均水量的二十九分之一。北京飲用水的一半靠密雲水庫，其次是地下水，第三是官廳水庫、懷柔水庫等。因此，北京經濟的發展在很大程度上受制於水。除北京外，西安、太原、承德、石家莊、青島、瀋陽、大連、鞍山、撫順、本溪等都是嚴重缺水的城市。

第二，垃圾污染環境。垃圾是城市的公害，全國垃圾年總產量超過了一億噸，城市垃圾清運量一九九五年比一九九〇年增長百分之五十七．七，平均每年增長百分之九．五。全國有二百座以上城市處在垃圾包圍當中，歷年堆存的生活垃圾量達到六十億噸，侵占了約五億多平方米的地面[19]。

以北京為例，城區周圍都是大大小小的垃圾山，京城被垃圾山包圍（包括一部分建築施工的渣土山）。這些垃圾山成了城市的污染源。它上污染空氣，大風一吹，塵土、廢舊塑料袋飄浮在天空，使空氣質量下降；下污染土地和地下水。垃圾數量每年以百分之三的速度遞增，一九九七年的清運量為四百九十三萬噸，一九九八年上升到五百萬噸。由於垃圾的成分比較複雜，所以，填埋過垃圾的土地不能再種莊稼，只能植樹，成為「垃圾公園」，耕地減少。

由於垃圾處理的現代化設施明顯不足，所以，北京垃圾無害化處理率只有百分之三十八．五，還有百分之六十二．五的垃圾不能進行無害化處理，只能採取一般的填埋或垃圾堆肥。一個大型填埋場占地幾百畝，使用壽命僅十二年左右。即使成了「垃圾公園」，照樣有異味，污染周圍空氣。北京是如此，其他城市也不例外。用焚燒的辦法處理垃圾，北京、上海、廣州、深圳等城市尚處於試運行或籌建階段[20]。

第三，空氣污染。中國最大的十個大氣受污染的城市均在世界污染嚴重的二十個城市之列，也就是說世界污染最嚴重的城市中國占了一半。其中太原、濟南、北京、瀋陽和重慶最為嚴重（見前面「空氣環境形勢」）。小城市有的也嚴重污染，如昔日全國文明衛生模範紅旗縣城九連冠的山西洪洞縣，常住人口七．八萬，流動人口二萬餘人，如今整座城烏煙瘴氣，灰塵迷漫。全縣城有一百四十七個大煙囪，直接排出濃煙。從縣委門口到財政大樓，不到三百公尺的大街旁，就有十多家小飯攤生火做飯，低空排煙。還有些是焦炭生火，木炭烤肉，風箱吹火，加上汽車尾氣，工業廢氣，形成了十幾公尺內看不清人的「塵霧」。嚴重的空氣污染，使城內咳嗽、感冒的人增多，危害人的身心健康。[21]

首都北京冬季空氣污染物主要是煤煙，百分之六十三的燃料是煤，百分之九十的二氧化硫來自燃煤排放，冬季的燃煤量是非採暖期的三倍。因此北京要解決煤煙污染，最有效的辦法是推廣使用低硫煤。

北京空氣污染的第二個源頭是汽車尾氣。北京的機動車數量已超過一百四十萬輛，汽車質量不過關，維修保養差更加重了尾氣污染。

北京空氣污染的第三個源頭是施工工地與裸露地面的揚塵。目前北京每年有五千～

八千個大大小小的施工工地，每天揚塵量很可觀。

北京的第四個空氣污染源是局部地區的工業污染和日常家庭生活中烹飪及露天燒烤油煙的污染。禁止攤販在街邊燒烤卻很難禁絕。

上述四個空氣污染源，加上北京的地理位置和氣象條件很不利於大氣污染物的擴散，致使北京的大氣污染非常嚴重。

第四，石油類，高錳酸鹽和氨氮有機污染以及交通噪音、室內裝修、光污染、電磁、放射性氡、高科技垃圾等的污染。

光污染包括可見光、紅外線和紫外線造成的污染。可見光污染比較常見的是眩光。如汽車夜間行駛時照明用的大燈，施工工地中不合理的照明布置，工廠中的冶金、熔燒等工藝都會造成眩光，如果人長期處於強光下，眼睛會受到傷害。燈光污染主要影響天文觀測。視覺污染是指城市環境中雜亂的視覺環境，如五顏六色的廣告招貼，雜亂無章的貨攤和淩亂不堪的垃圾廢物等。[22]

來自廚房的氮氧化物是居室的主要污染源，氮氧化物與血紅蛋白結合，造成人體缺氧中毒，引起呼吸系統疾病，使人胸悶、頭暈、乏力、呼吸系統不暢及老年痴呆症，還有致癌作用，這是日常生活中的「隱形殺手」。

室內氡氣來自土壤或奠基的岩石，有的來自井水、建材。其濃度受室內外壓力差、溫度以及土壤孔隙等多因素的影響。某些以花崗岩為基座的建築，以花崗岩作材料的室內裝修，氡氣都嚴重超標。氡氣進入人體後，破壞人體正常機能，蓄積起來將導致肺癌或其他惡性腫瘤，致人死亡。

噪聲、電磁的污染，對孕婦及胎兒有極大的威脅，使胎兒死亡或器官發生畸形，損傷中樞神經系統，造成兒童智力缺陷。電腦、電視機的顯示屏所產生的輻射，行動電話、微波爐、電冰箱、空調、電熱毯等產生的電磁輻射都可能對胎兒產生有害的影響。噪聲能干擾人們的休息，使人心情不安，學習、工作效率減低，嚴重的還會引起耳鳴、頭暈、噁心、嘔吐等多種疾病。

第五，水污染。全國百分之九十以上的城市水域受到不同程度的污染，其中以北京、上海、天津、南京、武漢、重慶最為嚴重。北京城市河流下游已無清潔水體，七十八條共二千一百五十三公里的河段中，有百分之五十六．四的河段受到不同程度的污染。江蘇徐州市因為沂水和大運河周邊的工廠長期超標排污，使自來水廠的水源受到污染，不得不在幾十天的時間內停止向市民供水，使四十萬人喝水發生困難，一些工廠被迫停產。其實不僅僅是徐州，不少城市都存在這樣的問題。山西太原市因為缺水，自來水廠只好一天定時開放幾個小時的水，供市民生活用。

上海郊區的河流幾乎是「無水不污，無河不淤」。松江、閔行、寶山、青浦等十來個郊區的小河濱全都淤塞，發臭，變成了天然垃圾場。浦東農村建設發展迅速，但居民的門前屋後卻散發出陣陣惡臭。全市內河水質四類占百分之十七．二，五類占百分之四

十六．三七，劣於五級的占百分之二十一．五，一、二類水幾乎為零！上海已列入缺少優質水的「缺水型城市」。

南京長江段沿江十七個大型工礦企業的廢水排入長江，造成長江七十公里的岸邊污染帶。其中石油化工廠排污口的油污染帶就長達二十公里，在江段監測斷面上檢測出酚的最大值超過地面水標準四倍多。

武漢市長江段的岸邊污染帶達一百二十公里，岸邊水質大多接近地面水三至四類標準。

重慶江段的污染在長江干流中是比較嚴重的，三峽庫區的白色污染和船舶垃圾污染最為突出，總量平均每年約七．五萬噸。重慶市的工業廢水達標排放僅占百分之四十左右，生活污水基本上未經處理就直接排入江河。長江上游的污染，百分之七十～百分之八十來自重慶。[23]

六、借鑒歷史經驗治理環境

前面用了五節的篇幅介紹當今中國的環境形勢，無非是想提醒世人，喚醒國人，我們的生存環境不太好，已經到了某個臨界點。大家要從現實中清醒，求得共識，然後全社會一起行動，把我們的生存環境治理好。

在中國歷史上有許多流傳久遠的環保經驗，值得借鑒。在國外也有一些經驗值得我們吸取，如英國人治理泰晤士河，日本人治理瀨戶內海，北歐五國治理北海，美國人的防洪經驗，都有值得借鑒之處。常言說得好：「人心齊，泰山移」。在有為政府的領導下，全國人民團結一心，既能戰勝洪水，就必然也能治理好環境，為子孫後代留下一個藍天，一個綠色的國土，一片藍色的海洋，一派潔淨的山河。

在歷史經驗中，占首要位置的是「節制」二字。在「節制」的原則下，針對當今中國的實情，可以提出種種治理環境的方略。如：

一、人口要節制，要切實抓緊抓好計劃生育，優生優育，控制人口過快增長這一國策。這是當今中國環境惡化的首要原因，也是中國治理環境的首要措施。沒有這一條，其他再多再好的方略也行不通。

二、利用自然資源要節制，要節約，要學習古人「網開三面」，而不是「一網打盡」。要禁伐有時，捕撈有時，而不是隨心所欲。為了節約自然資源，保護自然資源，保護環境，國家制定了一系列的法律、法規。比如《森林法》、《水法》、《大氣污染防治法》、《水污染防治法》、《礦產資源法》、《海洋環境保護法》、《土地管理法》、《水土保持法》、《草原法》、《野生動物保護法》、《野生藥材資源保護管理條例》、《環境保護法》、《農業法》、《防洪法》、《漁業法》等。法律、法規的制定很好，可以起約束的作用。

但是，要特別強調「有法必依，執法必嚴，違法必究」三個「必」字。如果「有法不依，執法不嚴，違法不究」三個「不」字開了頭，那麼法律的嚴肅性、公平性、約束性就沒有了，成了一紙空文，還有什麼作用呢？要提倡愛惜資源，節約資源，反對浪費。要提倡回收廢舊物資，變成再生資源，反覆利用，以節約自然資源。

三、節制要有人和機構具體執行，古今一樣，沒有例外。人和機構都要有權威，沒有權威，法執行不了，節制也就不可能實現。節制既要靠提高思想覺悟，人人自覺節制；又要靠權威機構和人去強迫那些不覺悟、不自覺的人被迫節制。兩手抓，兩手都要硬，缺一不可。

節制當然不是絕對禁止人們利用自然資源，人類必須透過利用自然資源來養活自己，來改善生存條件，絕對禁止利用自然資源，就把人類自己禁死了，那不是節制的目的。節制是有度的，這個度就是適當，適中，就是既能養活人類，又不破壞生態平衡，不破壞環境，自然界可以持續發展，人類可以持續生存。這樣節制就適當，適中，兩全其美，達到了目的。

第二個歷史經驗是環境整治觀。我們現在已經認識到不能破壞自然環境，不能破壞生態平衡。但在沒有這個認識水準之前，環境已經受到破壞那該怎麼辦呢？當然有辦法，首先是制止破壞，然後是整治，由全社會的努力把變壞了的環境治理好。兩千多年前易學提出的環境整治觀至今仍有現實價值，應該借鑒。在我國社會主義初級階段，國家要充分利用市場機制的積極因素，建立資源有償使用制度，堅持開發利用與保護增值並重的方針，實行「誰開採誰保護，誰破壞誰恢復，誰利用誰補償，誰污染誰整治」的政策，發動全社會共同負起整治環境的責任，而不光是政府一家的責任，一家的行為。真正做到保護環境，整治環境人人有責。

第三個歷史經驗是樹立「天人合一」、「太和」的觀念。古人的「天人合一」觀是把「天」（即大自然）與「人」合在一起，不分開，不對立，人是大自然的一部分，離不開大自然。大自然受到破壞，人也會受到傷害，當今社會現實完全證明了這一點。古人強調人和大自然的關係是朋友，要和諧相處，「太和」即是「大和」，就是和諧。如果提倡「征服大自然」，「戰勝大自然」，人和大自然對立，還能和諧嗎？不能！這種口號把人擺在與大自然對立的位置，成了敵對關係。

你征服大自然，大自然也會報復你。不是嗎？當你把森林砍伐殆盡之後，算是征服了大自然，然而接踵而來的是水土流失，洪澇災害，土石流，把人類美好的家園沖毀，把社會財富吞沒，這就是大自然的報復。人類不與大自然和諧相處行嗎？

我們需要建立一系列的人與自然相互和諧的基本觀念，也是可持續發展的基本觀念。世界各國都應該共同努力維護全球環境，使人類社會系統與地球自然系統和諧相處，和諧發展。

中國政府和中國人民，在全面推進現代化建設的過程中，選擇了可持續發展的道路，把環境保護作為一項基本國策，在全國範圍內開展了大規模的污染防治和生態環境保護。中國實行的經濟、社會和環境協調發展的方針是有成效的。然而也不能不看到，中國面對新世紀，面臨的環境形勢仍然是嚴峻的，相當多的地區環境污染和生態破壞狀況非但未改善，反而有加劇的趨勢。環境問題成為危害人民健康，制約經濟健康持續發展的因素，造成了嚴重的經濟損失。

從總體上看，環境污染和生態破壞範圍在擴大，程度在加劇，危害在加重。一方保護，多方破壞；點上治理，面上破壞；治理趕不上破壞。

當務之急是按照「污染者付費，利用者補償，開發者保護，破壞者恢復」的原則，制定和修訂環境經濟政策，充分發揮市場經濟的調節功能，千萬不能走「先污染後治理」的老路！中國的生態環境保護事業任重而道遠。

【註釋】

❶《人民政協報》一九九九年三月十四日。
❷張春園：《下世紀我們能有多少水》，《人民政協報》一九九九年三月二十三日。
❸王文英、戴紅：《改善環境質量刻不容緩》，《光明日報》一九九九年三月一日。
❹《北京晚報》一九九八年十二月二十六日。
❺原載《北京晚報》一九九八年九月八日。作者左川。

6 偉青、增豪：《電魚炸魚不止，環境污染加劇》，《深圳特區報》一九九九年二月二十四日。
7 彭宇：《海洋說，我不是垃圾場》，《人民政協報》一九九八年九月二十六日。
8 原載《北京晚報》一九九八年九月八日。作者喬玲。
9 原載《北京晚報》一九九八年九月八日。作者吳興宏。
10 《人民政協報》一九九九年二月十日。
11 《人民政協報》一九九九年三月二十三日。
12 《人民政協報》一九九九年三月十四日。
13 《光明日報》一九九九年三月一日。
11 《深圳商報》一九九九年一月二十四日。
15 易琦：《詳說臭氧》，《光明日報》一九九九年三月二日。
16 蘇楊：《高科技污染及防治》，《北京晚報》一九九九年三月二十九日。
17 《人民政協報》一九九八年九月十日。
18 《深圳商報》一九九八年九月十四日。
19 《人民政協報》一九九九年三月十四日。
20 《北京晚報》一九九九年一月十七日。
21 《人民政協報》一九九九年一月六日。
22 王旭：《城市的光污染》，《北京晚報》一九九八年十一月三十日。
23 雷亨順委員在政協九屆一次會議上的發言：《保護長江、黃河，千萬不要重犯類似人口問題的歷史性錯誤》。

作者簡介

楊文衡，男，一九三七年生，湖南省城步縣人。一九六三年中山大學地質地理系畢業，同年進入中國科學院自然科學史研究所工作，一九九三年任研究員。

主要著作：《中華文化通志・地學志》（專著）、《中國古代地理學史》（合著）、《中國的風水》（合著）、《徐霞客及其遊記研究》（合著）、《國學舉要・術卷》（合著）、《世界地理學史》（主編）。

大展出版社有限公司
品冠文化出版社

圖書目錄

地址：台北市北投區(石牌)
致遠一路二段 12 巷 1 號
郵撥：01669551<大展>
19346241<品冠>

電話：(02) 28236031
28236033
28233123
傳真：(02) 28272069

・熱門新知・品冠編號 67

1.	圖解基因與 DNA	(精)	中原英臣主編	230 元
2.	圖解人體的神奇	(精)	米山公啟主編	230 元
3.	圖解腦與心的構造	(精)	永田和哉主編	230 元
4.	圖解科學的神奇	(精)	鳥海光弘主編	230 元
5.	圖解數學的神奇	(精)	柳 谷 晃著	250 元
6.	圖解基因操作	(精)	海老原充主編	230 元
7.	圖解後基因組	(精)	才園哲人著	230 元
8.	圖解再生醫療的構造與未來		才園哲人著	230 元
9.	保護身體的免疫構造		才園哲人著	230 元

・生活廣場・品冠編號 61

1.	366 天誕生星	李芳黛譯	280 元
2.	366 天誕生花與誕生石	李芳黛譯	280 元
3.	科學命相	淺野八郎著	220 元
4.	已知的他界科學	陳蒼杰譯	220 元
5.	開拓未來的他界科學	陳蒼杰譯	220 元
6.	世紀末變態心理犯罪檔案	沈永嘉譯	240 元
7.	366 天開運年鑑	林廷宇編著	230 元
8.	色彩學與你	野村順一著	230 元
9.	科學手相	淺野八郎著	230 元
10.	你也能成為戀愛高手	柯富陽編著	220 元
11.	血型與十二星座	許淑瑛編著	230 元
12.	動物測驗—人性現形	淺野八郎著	200 元
13.	愛情、幸福完全自測	淺野八郎著	200 元
14.	輕鬆攻佔女性	趙奕世編著	230 元
15.	解讀命運密碼	郭宗德著	200 元
16.	由客家了解亞洲	高木桂藏著	220 元

・女醫師系列・品冠編號 62

1.	子宮內膜症	國府田清子著	200 元
2.	子宮肌瘤	黑島淳子著	200 元

3. 上班女性的壓力症候群	池下育子著	200 元
4. 漏尿、尿失禁	中田真木著	200 元
5. 高齡生產	大鷹美子著	200 元
6. 子宮癌	上坊敏子著	200 元
7. 避孕	早乙女智子著	200 元
8. 不孕症	中村春根著	200 元
9. 生理痛與生理不順	堀口雅子著	200 元
10. 更年期	野末悅子著	200 元

・傳統民俗療法・品冠編號 63

1. 神奇刀療法	潘文雄著	200 元
2. 神奇拍打療法	安在峰著	200 元
3. 神奇拔罐療法	安在峰著	200 元
4. 神奇艾灸療法	安在峰著	200 元
5. 神奇貼敷療法	安在峰著	200 元
6. 神奇薰洗療法	安在峰著	200 元
7. 神奇耳穴療法	安在峰著	200 元
8. 神奇指針療法	安在峰著	200 元
9. 神奇藥酒療法	安在峰著	200 元
10. 神奇藥茶療法	安在峰著	200 元
11. 神奇推拿療法	張貴荷著	200 元
12. 神奇止痛療法	漆 浩 著	200 元
13. 神奇天然藥食物療法	李琳編著	200 元

・常見病藥膳調養叢書・品冠編號 631

1. 脂肪肝四季飲食	蕭守貴著	200 元
2. 高血壓四季飲食	秦玖剛著	200 元
3. 慢性腎炎四季飲食	魏從強著	200 元
4. 高脂血症四季飲食	薛輝著	200 元
5. 慢性胃炎四季飲食	馬秉祥著	200 元
6. 糖尿病四季飲食	王耀獻著	200 元
7. 癌症四季飲食	李忠著	200 元
8. 痛風四季飲食	魯焰主編	200 元
9. 肝炎四季飲食	王虹等著	200 元
10. 肥胖症四季飲食	李偉等著	200 元
11. 膽囊炎、膽石症四季飲食	謝春娥著	200 元

・彩色圖解保健・品冠編號 64

1. 瘦身	主婦之友社	300 元
2. 腰痛	主婦之友社	300 元
3. 肩膀痠痛	主婦之友社	300 元

4. 腰、膝、腳的疼痛　主婦之友社　300元
5. 壓力、精神疲勞　主婦之友社　300元
6. 眼睛疲勞、視力減退　主婦之友社　300元

・心想事成・品冠編號 65

1. 魔法愛情點心　結城莫拉著　120元
2. 可愛手工飾品　結城莫拉著　120元
3. 可愛打扮 & 髮型　結城莫拉著　120元
4. 撲克牌算命　結城莫拉著　120元

・少年偵探・品冠編號 66

1. 怪盜二十面相　（精）　江戶川亂步著　特價 189元
2. 少年偵探團　（精）　江戶川亂步著　特價 189元
3. 妖怪博士　（精）　江戶川亂步著　特價 189元
4. 大金塊　（精）　江戶川亂步著　特價 230元
5. 青銅魔人　（精）　江戶川亂步著　特價 230元
6. 地底魔術王　（精）　江戶川亂步著　特價 230元
7. 透明怪人　（精）　江戶川亂步著　特價 230元
8. 怪人四十面相　（精）　江戶川亂步著　特價 230元
9. 宇宙怪人　（精）　江戶川亂步著　特價 230元
10. 恐怖的鐵塔王國　（精）　江戶川亂步著　特價 230元
11. 灰色巨人　（精）　江戶川亂步著　特價 230元
12. 海底魔術師　（精）　江戶川亂步著　特價 230元
13. 黃金豹　（精）　江戶川亂步著　特價 230元
14. 魔法博士　（精）　江戶川亂步著　特價 230元
15. 馬戲怪人　（精）　江戶川亂步著　特價 230元
16. 魔人銅鑼　（精）　江戶川亂步著　特價 230元
17. 魔法人偶　（精）　江戶川亂步著　特價 230元
18. 奇面城的秘密　（精）　江戶川亂步著　特價 230元
19. 夜光人　（精）　江戶川亂步著　特價 230元
20. 塔上的魔術師　（精）　江戶川亂步著　特價 230元
21. 鐵人Q　（精）　江戶川亂步著　特價 230元
22. 假面恐怖王　（精）　江戶川亂步著　特價 230元
23. 電人M　（精）　江戶川亂步著　特價 230元
24. 二十面相的詛咒　（精）　江戶川亂步著　特價 230元
25. 飛天二十面相　（精）　江戶川亂步著　特價 230元
26. 黃金怪獸　（精）　江戶川亂步著　特價 230元

・武術特輯・大展編號 10

1. 陳式太極拳入門　馮志強編著　180元
2. 武式太極拳　郝少如編著　200元

3. 中國跆拳道實戰 100 例	岳維傳著	220 元
4. 教門長拳	蕭京凌編著	150 元
5. 跆拳道	蕭京凌編譯	180 元
6. 正傳合氣道	程曉鈴譯	200 元
8. 格鬥空手道	鄭旭旭編著	200 元
9. 實用跆拳道	陳國榮編著	200 元
10. 武術初學指南	李文英、解守德編著	250 元
11. 泰國拳	陳國榮著	180 元
12. 中國式摔跤	黃　斌編著	180 元
13. 太極劍入門	李德印編著	180 元
14. 太極拳運動	運動司編	250 元
15. 太極拳譜	清・王宗岳等著	280 元
16. 散手初學	冷　峰編著	200 元
17. 南拳	朱瑞琪編著	180 元
18. 吳式太極劍	王培生著	200 元
19. 太極拳健身與技擊	王培生著	250 元
20. 秘傳武當八卦掌	狄兆龍著	250 元
21. 太極拳論譚	沈　壽著	250 元
22. 陳式太極拳技擊法	馬　虹著	250 元
23. 二十四式/三十二式 太極 拳/劍	闞桂香著	180 元
24. 楊式秘傳 129 式太極長拳	張楚全著	280 元
25. 楊式太極拳架詳解	林炳堯著	280 元
26. 華佗五禽劍	劉時榮著	180 元
27. 太極拳基礎講座：基本功與簡化 24 式	李德印著	250 元
28. 武式太極拳精華	薛乃印著	200 元
29. 陳式太極拳拳理闡微	馬　虹著	350 元
30. 陳式太極拳體用全書	馬　虹著	400 元
31. 張三豐太極拳	陳占奎著	200 元
32. 中國太極推手	張　山主編	300 元
33. 48 式太極拳入門	門惠豐編著	220 元
34. 太極拳奇人奇功	嚴翰秀編著	250 元
35. 心意門秘籍	李新民編著	220 元
36. 三才門乾坤戊己功	王培生編著	220 元
37. 武式太極劍精華＋VCD	薛乃印編著	350 元
38. 楊式太極拳	傅鐘文演述	200 元
39. 陳式太極拳、劍 36 式	闞桂香編著	250 元
40. 正宗武式太極拳	薛乃印著	220 元
41. 杜元化＜太極拳正宗＞考析	王海洲等著	300 元
42. ＜珍貴版＞陳式太極拳	沈家楨著	280 元
43. 24 式太極拳＋VCD	中國國家體育總局著	350 元
44. 太極推手絕技	安在峰編著	250 元
45. 孫祿堂武學錄	孫祿堂著	300 元
46. ＜珍貴本＞陳式太極拳精選	馮志強著	280 元
47. 武當趙堡太極拳小架	鄭悟清傳授	250 元

48. 太極拳習練知識問答	邱丕相主編	220 元
49. 八法拳 八法槍	武世俊著	220 元
50. 地趟拳＋VCD	張憲政著	350 元
51. 四十八式太極拳＋VCD	楊 靜演示	400 元
52. 三十二式太極劍＋VCD	楊 靜演示	300 元
53. 隨曲就伸 中國太極拳名家對話錄	余功保著	300 元
54. 陳式太極拳五功八法十三勢	闞桂香著	200 元
55. 六合螳螂拳	劉敬儒等著	280 元
56. 古本新探華佗五禽戲	劉時榮編著	180 元
57. 陳式太極拳養生功＋VCD	陳正雷著	350 元
58. 中國循經太極拳二十四式教程	李兆生著	300 元
59. ＜珍貴本＞太極拳研究	唐豪・顧留馨著	250 元
60. 武當三豐太極拳	劉嗣傳著	300 元
61. 楊式太極拳體用圖解	崔仲三編著	400 元
62. 太極十三刀	張耀忠編著	230 元
63. 和式太極拳譜＋VCD	和有祿編著	450 元
64. 太極內功養生術	關永年著	300 元
65. 養生太極推手	黃康輝編著	280 元
66. 太極推手祕傳	安在峰編著	300 元
67. 楊少侯太極拳用架真詮	李璉編著	280 元
68. 細說陰陽相濟的太極拳	林冠澄著	350 元
69. 太極內功解祕	祝大彤編著	280 元

・彩色圖解太極武術・大展編號 102

1. 太極功夫扇	李德印編著	220 元
2. 武當太極劍	李德印編著	220 元
3. 楊式太極劍	李德印編著	220 元
4. 楊式太極刀	王志遠著	220 元
5. 二十四式太極拳(楊式)＋VCD	李德印編著	350 元
6. 三十二式太極劍(楊式)＋VCD	李德印編著	350 元
7. 四十二式太極劍＋VCD	李德印編著	350 元
8. 四十二式太極拳＋VCD	李德印編著	350 元
9. 16 式太極拳 18 式太極劍＋VCD	崔仲三著	350 元
10. 楊氏 28 式太極拳＋VCD	趙幼斌著	350 元
11. 楊式太極拳 40 式＋VCD	宗維潔編著	350 元
12. 陳式太極拳 56 式＋VCD	黃康輝等著	350 元
13. 吳式太極拳 45 式＋VCD	宗維潔編著	350 元
14. 精簡陳式太極拳 8 式、16 式	黃康輝編著	220 元
15. 精簡吳式太極拳＜36 式拳架・推手＞	柳恩久主編	220 元
16. 夕陽美功夫扇	李德印著	220 元
17. 綜合 48 式太極拳＋VCD	竺玉明編著	350 元
18. 32 式太極拳（四段）	宗維潔演示	220 元

・國際武術競賽套路・大展編號 103

1. 長拳	李巧玲執筆	220 元
2. 劍術	程慧琨執筆	220 元
3. 刀術	劉同為執筆	220 元
4. 槍術	張躍寧執筆	220 元
5. 棍術	殷玉柱執筆	220 元

・簡化太極拳・大展編號 104

1. 陳式太極拳十三式	陳正雷編著	200 元
2. 楊式太極拳十三式	楊振鐸編著	200 元
3. 吳式太極拳十三式	李秉慈編著	200 元
4. 武式太極拳十三式	喬松茂編著	200 元
5. 孫式太極拳十三式	孫劍雲編著	200 元
6. 趙堡太極拳十三式	王海洲編著	200 元

・導引養生功・大展編號 105

1. 疏筋壯骨功＋VCD	張廣德著	350 元
2. 導引保建功＋VCD	張廣德著	350 元
3. 頤身九段錦＋VCD	張廣德著	350 元
4. 九九還童功＋VCD	張廣德著	350 元
5. 舒心平血功＋VCD	張廣德著	350 元
6. 益氣養肺功＋VCD	張廣德著	350 元
7. 養生太極扇＋VCD	張廣德著	350 元
8. 養生太極棒＋VCD	張廣德著	350 元
9. 導引養生形體詩韻＋VCD	張廣德著	350 元
10. 四十九式經絡動功＋VCD	張廣德著	350 元

・中國當代太極拳名家名著・大展編號 106

1. 李德印太極拳規範教程	李德印著	550 元
2. 王培生吳式太極拳詮真	王培生著	500 元
3. 喬松茂武式太極拳詮真	喬松茂著	450 元
4. 孫劍雲孫式太極拳詮真	孫劍雲著	350 元
5. 王海洲趙堡太極拳詮真	王海洲著	500 元
6. 鄭琛太極拳道詮真	鄭琛著	450 元

・古代健身功法・大展編號 107

1. 練功十八法	蕭凌編著	200 元
2. 十段錦運動	劉時榮編著	180 元

3. 二十八式長壽健身操 劉時榮著 180 元
4. 簡易太極拳健身功 王建華著 200 元

・名師出高徒・大展編號 111

1. 武術基本功與基本動作 劉玉萍編著 200 元
2. 長拳入門與精進 吳彬等著 220 元
3. 劍術刀術入門與精進 楊柏龍等著 220 元
4. 棍術、槍術入門與精進 邱丕相編著 220 元
5. 南拳入門與精進 朱瑞琪編著 220 元
6. 散手入門與精進 張山等著 220 元
7. 太極拳入門與精進 李德印編著 280 元
8. 太極推手入門與精進 田金龍編著 220 元

・實用武術技擊・大展編號 112

1. 實用自衛拳法 溫佐惠著 250 元
2. 搏擊術精選 陳清山等著 220 元
3. 秘傳防身絕技 程崑彬著 230 元
4. 振藩截拳道入門 陳琦平著 220 元
5. 實用擒拿法 韓建中著 220 元
6. 擒拿反擒拿 88 法 韓建中著 250 元
7. 武當秘門技擊術入門篇 高翔著 250 元
8. 武當秘門技擊術絕技篇 高翔著 250 元
9. 太極拳實用技擊法 武世俊著 220 元
10. 奪凶器基本技法 韓建中著 220 元

・中國武術規定套路・大展編號 113

1. 螳螂拳 中國武術系列 300 元
2. 劈掛拳 規定套路編寫組 300 元
3. 八極拳 國家體育總局 250 元
4. 木蘭拳 國家體育總局 230 元

・中華傳統武術・大展編號 114

1. 中華古今兵械圖考 裴錫榮主編 280 元
2. 武當劍 陳湘陵編著 200 元
3. 梁派八卦掌（老八掌） 李子鳴遺著 220 元
4. 少林 72 藝與武當 36 功 裴錫榮主編 230 元
5. 三十六把擒拿 佐藤金兵衛主編 200 元
6. 武當太極拳與盤手 20 法 裴錫榮主編 220 元

・少林功夫・大展編號 115

1.	少林打擂秘訣	德虔、素法編著	300 元
2.	少林三大名拳 炮拳、大洪拳、六合拳	門惠豐等著	200 元
3.	少林三絕 氣功、點穴、擒拿	德虔編著	300 元
4.	少林怪兵器秘傳	素法等著	250 元
5.	少林護身暗器秘傳	素法等著	220 元
6.	少林金剛硬氣功	楊維編著	250 元
7.	少林棍法大全	德虔、素法編著	250 元
8.	少林看家拳	德虔、素法編著	250 元
9.	少林正宗七十二藝	德虔、素法編著	280 元
10.	少林瘋魔棍闡宗	馬德著	250 元
11.	少林正宗太祖拳法	高翔著	280 元
12.	少林拳技擊入門	劉世君編著	220 元
13.	少林十路鎮山拳	吳景川主編	300 元
14.	少林氣功祕集	釋德虔編著	220 元
15.	少林十大武藝	吳景川主編	450 元

・迷蹤拳系列・大展編號 116

1.	迷蹤拳（一）+VCD	李玉川編著	350 元
2.	迷蹤拳（二）+VCD	李玉川編著	350 元
3.	迷蹤拳（三）	李玉川編著	250 元
4.	迷蹤拳（四）+VCD	李玉川編著	580 元
5.	迷蹤拳（五）	李玉川編著	250 元

・原地太極拳系列・大展編號 11

1.	原地綜合太極拳 24 式	胡啟賢創編	220 元
2.	原地活步太極拳 42 式	胡啟賢創編	200 元
3.	原地簡化太極拳 24 式	胡啟賢創編	200 元
4.	原地太極拳 12 式	胡啟賢創編	200 元
5.	原地青少年太極拳 22 式	胡啟賢創編	220 元

・道學文化・大展編號 12

1.	道在養生：道教長壽術	郝勤等著	250 元
2.	龍虎丹道：道教內丹術	郝勤著	300 元
3.	天上人間：道教神仙譜系	黃德海著	250 元
4.	步罡踏斗：道教祭禮儀典	張澤洪著	250 元
5.	道醫窺秘：道教醫學康復術	王慶餘等著	250 元
6.	勸善成仙：道教生命倫理	李剛著	250 元
7.	洞天福地：道教宮觀勝境	沙銘壽著	250 元
8.	青詞碧簫：道教文學藝術	楊光文等著	250 元

9. 沈博絕麗：道教格言精粹　朱耕發等著　250 元

・易學智慧・大展編號 122

1. 易學與管理　余敦康主編　250 元
2. 易學與養生　劉長林等著　300 元
3. 易學與美學　劉綱紀等著　300 元
4. 易學與科技　董光壁著　280 元
5. 易學與建築　韓增祿著　280 元
6. 易學源流　鄭萬耕著　280 元
7. 易學的思維　傅雲龍等著　250 元
8. 周易與易圖　李申著　250 元
9. 中國佛教與周易　王仲堯著　350 元
10. 易學與儒學　任俊華著　350 元
11. 易學與道教符號揭秘　詹石窗著　350 元
12. 易傳通論　王博著　250 元
13. 談古論今說周易　龐鈺龍著　280 元
14. 易學與史學　吳懷祺著　230 元
15. 易學與天文　盧央著　230 元
16. 易學與生態環境　楊文衡著　230 元
17. 易學與中國傳統醫學　蕭漢民著　280 元

・神算大師・大展編號 123

1. 劉伯溫神算兵法　應涵編著　280 元
2. 姜太公神算兵法　應涵編著　280 元
3. 鬼谷子神算兵法　應涵編著　280 元
4. 諸葛亮神算兵法　應涵編著　280 元

・鑑往知來・大展編號 124

1. 《三國志》給現代人的啟示　陳羲主編　220 元
2. 《史記》給現代人的啟示　陳羲主編　220 元
3. 《論語》給現代人的啟示　陳羲主編　220 元

・秘傳占卜系列・大展編號 14

1. 手相術　淺野八郎著　180 元
2. 人相術　淺野八郎著　180 元
3. 西洋占星術　淺野八郎著　180 元
4. 中國神奇占卜　淺野八郎著　150 元
5. 夢判斷　淺野八郎著　150 元
7. 法國式血型學　淺野八郎著　150 元
8. 靈感、符咒學　淺野八郎著　150 元

9. 紙牌占卜術	淺野八郎著	150 元
10. ESP 超能力占卜	淺野八郎著	150 元
11. 猶太數的秘術	淺野八郎著	150 元
13. 塔羅牌預言秘法	淺野八郎著	200 元

・趣味心理講座・大展編號 15

1. 性格測驗（1）探索男與女	淺野八郎著	140 元
2. 性格測驗（2）透視人心奧秘	淺野八郎著	140 元
3. 性格測驗（3）發現陌生的自己	淺野八郎著	140 元
4. 性格測驗（4）發現你的真面目	淺野八郎著	140 元
5. 性格測驗（5）讓你們吃驚	淺野八郎著	140 元
6. 性格測驗（6）洞穿心理盲點	淺野八郎著	140 元
7. 性格測驗（7）探索對方心理	淺野八郎著	140 元
8. 性格測驗（8）由吃認識自己	淺野八郎著	160 元
9. 性格測驗（9）戀愛知多少	淺野八郎著	160 元
10. 性格測驗（10）由裝扮瞭解人心	淺野八郎著	160 元
11. 性格測驗（11）敲開內心玄機	淺野八郎著	140 元
12. 性格測驗（12）透視你的未來	淺野八郎著	160 元
13. 血型與你的一生	淺野八郎著	160 元
14. 趣味推理遊戲	淺野八郎著	160 元
15. 行為語言解析	淺野八郎著	160 元

・婦幼天地・大展編號 16

1. 八萬人減肥成果	黃靜香譯	180 元
2. 三分鐘減肥體操	楊鴻儒譯	150 元
3. 窈窕淑女美髮秘訣	柯素娥譯	130 元
4. 使妳更迷人	成　玉譯	130 元
5. 女性的更年期	官舒妍編譯	160 元
6. 胎內育兒法	李玉瓊編譯	150 元
7. 早產兒袋鼠式護理	唐岱蘭譯	200 元
9. 初次育兒 12 個月	婦幼天地編譯組	180 元
10. 斷乳食與幼兒食	婦幼天地編譯組	180 元
11. 培養幼兒能力與性向	婦幼天地編譯組	180 元
12. 培養幼兒創造力的玩具與遊戲	婦幼天地編譯組	180 元
13. 幼兒的症狀與疾病	婦幼天地編譯組	180 元
14. 腿部苗條健美法	婦幼天地編譯組	180 元
15. 女性腰痛別忽視	婦幼天地編譯組	150 元
16. 舒展身心體操術	李玉瓊編譯	130 元
17. 三分鐘臉部體操	趙薇妮著	160 元
18. 生動的笑容表情術	趙薇妮著	160 元
19. 心曠神怡減肥法	川津祐介著	130 元
20. 內衣使妳更美麗	陳玄茹譯	130 元

國家圖書館出版品預行編目資料

易學與生態環境／朱伯崑　主編　楊文衡　著
——初版，——臺北市，大展，2005〔民 94〕
面；21 公分，——（易學智慧；16）
ISBN　957-468-397-4（平裝）
1. 易經—研究與考訂　2. 生態學
121.17　　　　　　　　　　　　　　　　94010714

中國書店授權中文繁體字版
【版權所有・翻印必究】

易學與生態環境

ISBN 957-468-397-4

主　　編／朱伯崑
著　　者／楊文衡
責任編輯／趙安民　汪守本
發 行 人／蔡森明
出 版 者／大展出版社有限公司
社　　址／台北市北投區（石牌）致遠一路 2 段 12 巷 1 號
電　　話／（02）28236031・28236033・28233123
傳　　眞／（02）28272069
郵政劃撥／01669551
網　　址／www.dah-jaan.com.tw
E－mail ／serviec@dah-jaan.com.tw
登 記 證／局版臺業字第 2171 號
承 印 者／高星印刷品行
裝　　訂／協億印製廠股份有限公司
排 版 者／弘益電腦排版有限公司
初版 1 刷／2005 年（民 94 年）8月

定　價／230 元

●本書若有破損、缺頁敬請寄回本社更換●

一億人閱讀的暢銷書！

4～26集　定價300元　特價230元

4.大金塊
5.青銅魔人
6.地底魔術王
7.透明怪人
8.怪人四十面相
9.宇宙怪人
.恐怖的鐵塔王國
11.灰色巨人
12.海底魔術師
13.黃金豹
14.魔法博士
15.馬戲怪人
16.魔人銅鑼
17.魔法人偶
18.奇面城的秘密
19.夜光人
20.塔上的魔術師
21.鐵人Q
22.假面恐怖王
23.電人M
24.二十面相的詛咒
25.飛天二十面相
26.黃金怪獸

品冠文化出版社

地址：臺北市北投區
致遠一路二段十二巷一號
電話：〈02〉28233123
郵政劃撥：19346241

推理文學經典巨著，中文版正式授權

名偵探明智小五郎與怪盜的挑戰與鬥智
名偵探柯南、金田一都讚嘆不已

日本推理小說鼻祖—江戶川亂步

1894年10月21日出生於日本三重縣名張〈現在的名張市〉。本名平井太郎。
就讀於早稻田大學時就曾經閱讀許多英、美的推理小說。
畢業之後曾經任職於貿易公司，也曾經擔任舊書商、新聞記者等各種工作。
1923年4月，在『新青年』中發表「二錢銅幣」。
筆名江戶川亂步是根據推理小說的始祖艾德嘉・亞藍波而取的。
後來致力於創作許多推理小說。
1936年配合「少年俱樂部」的要求所寫的『怪盜二十面相』極受人歡迎，
陸續發表『少年偵探團』、『妖怪博士』共26集……等
適合少年、少女閱讀的作品。

1 ～ 3 集　定價300元　試閱特價189元